幸福実現革命

自由の風の吹かせ方

大川隆法
RYUHO OKAWA

本対談は、2012年11月16日、幸福の科学総合本部にて、
公開収録された。

まえがき

幸福実現党研修局長の加藤文康さんと、衆院解散の日に緊急対談をしてみた。幸福実現党の政策は、実に多岐にわたっているので、『幸福実現革命』――自由の風の吹かせ方――というテーマで、ラフなスケッチを試みようとしたのである。しかし、内容的には結構、多角的な議論となってしまった。

加藤さんも、赤い前垂れをした石のお地蔵さんのようにコチンコチンになって待っていたので、「解凍作業《かいとうさぎょう》」がやや難航《なんこう》した。律儀《りちぎ》で、責任感が強く、真面目《まじめ》で、チョッピリ頑固《がんこ》な方である。そして人気取りをするには、あまりにも一徹《いってつ》な人でもある。だが、漁師見習いで、尖閣の近くまで行って、サメとマグロを実際に釣り上げたという行動の人でもある。

議論をしているうちに、解凍されて、彼は顔面の汗をぬぐうのが忙しくなった。ああ、早く、心地よい「自由の風」を吹かせてあげたいと、心底感じた次第《しだい》であった。

二〇一二年　十一月十七日

幸福実現党創立者兼党名誉総裁《こうふくじつげんとうそうりつしゃけんとうめいよそうさい》　大川隆法《おおかわりゅうほう》

幸福実現革命　目次

幸福実現革命

――自由の風の吹《ふ》かせ方――

二〇一二年十一月十六日　収録
東京都・幸福の科学総合本部にて

幸福実現革命

――自由の風の吹《ふ》かせ方――

二〇一二年十一月十六日　収録

東京都・幸福の科学総合本部にて

［対談者］ 加藤文康《かとうぶんこう》

幸福実現党研修局長。一九六二年九月十日生まれ。東京都出身。東京大学法学部卒業後、日本電信電話㈱、神奈川《かながわ》県財政課勤務を経て、一九九〇年、宗教法人幸福の科学に入局。専務理事、事務局長、人事局長、総本山・正心館館長などを歴任し、幸福実現党に入党。

［司会］ 白倉律子《しらくらりつこ》

フリーアナウンサー。幸福実現党公式番組「幸福実現TV」（インターネット配信）キャスター、幸福の科学のラジオ番組「天使のモーニングコール」のパーソナリティーを務める。

1　幸福実現党の中心には「へそ曲がりの頑固者《がんこもの》」がいる

政党幹部との対談は「テレビに出る練習」のようなもの

司会　それでは、幸福実現党創立者 兼《けん》 党名誉《めいよ》総裁・大川隆法先生と、幸福実現党研修局長・加藤文康さんとの対談を始めます。

タイトルは、「幸福実現革命―自由の風の吹《ふ》かせ方―」です。

今日は二〇一二年十一月十六日、金曜日ですが、ちょうど今、この対談と同時並《へい》行《こう》で、国会では、一昨日《おとといい》の野田《のだ》総理の発言を受けて衆議院解散が行われているころではないかと思います。

一方、中国では、習近平《しゅうきんぺい》体制のスタートという、まさに歴史的な日における対談となりました。

大川　いや、私はくつろいでやっておりますが（笑）（会場笑）、会場のみなさんの緊張《きんちょう》ぶりを見ると、「総裁と加藤さんとでは、対談が成り立たないのではないか」と、だいたい、みな読んでいるように想像されますね。

「実に面白《おもしろ》くない対談が出来上がるのではないか」と（笑）（会場笑）、みな、あまりにしらけた結果を予想して、緊張しまくっていますね。これは、意表を突《つ》かないと、やはり、プロとしては生き残れない感じがします。

私は政党幹部との対談をずっとやっているんですが、これはテレビに出る練習みたいなものなんですよ。やはり、人前に出て話をして、視聴率《しちょうりつ》が取れなければ、二度とお呼びがかからなくなりますのでね（笑）。プロへの道として、人前で話をして、ある程度、言いたいことを言いながら、多少、面白かったという感触《かんしょく》を持ってもらわないと駄目《だめ》なんです。

（加藤に）あなたに対しては、早くも、視聴率が下がっていくおそれが出てきていますよ（会場笑）。

加藤　（笑）

大川　会場の人たちの目が、「この対談は、きつそうだなあ」と思って見ているように感じられます。

へそ曲がりの頑固者《がんこもの》と秀才《しゅうさい》が書いた「政策集」

司会　では、そうした政局などに関する緊張感は、ちょっと置いておきまして……。

大川　いや、入れますよ。当然、それは入れます。ただ、幸福実現党の全政策を一回の対談で分かりやすく話をしようと思ったのですが、やはり無理ですね（笑）。だから、別なかたちで話を聞いて、だいたい感じが分かってもらえたら、まあ、それでよしということにしましょう。

加藤　はい。ありがとうございます。

大川　全部を盛り込《こ》もうとしたら、聴《き》いている人たちがみな〝死んで〟しまうので、それは無理でしょう。「いろんな角度で話をして、ある程度、分かってもらえれば、それでよい」というところでしょうね。

加藤　先生、今日は貴重なお時間を頂きまして、本当にありがとうございます。

大川　いやいや。こういう、「日本、危《あや》うし！　だから幸福実現党」というパンフレットができているので読んでいたのですが、ビシッとお書きになられていますよね。これを一読して感じ取れるのは、誰《だれ》かは分からないけれども、「頑固者《がんこもの》で、へそ曲がりが、中心にいる」ということです。

頑固者で、へそ曲がりがいながら、しかし、主力としては、きちっと全部の論点を書き切らないと気が済まない秀才《しゅうさい》が書いている感じがしますね。これは誰のことでしょうか。

加藤　（笑）もしかしたら、「人間グーグル」（黒川政調会長のこと）かもしれません（『「人間グーグル」との対話』〔幸福実現党刊〕参照）。

大川　「人間グーグル」も入っていますよ。ただ、彼の場合は、それほど、へそ曲がりで頑固という感じではなくて、柔《やわ》らかいところがあるんですよね。

加藤　うーん。

大川　だから、へそ曲がりで頑固なところは、私か、あなたか、党首か、いったいどこから出ているんでしょうね。

加藤　政策集の作成段階で、いちおう、いろいろと議論はあったんですけれども、やはり、「一つの公党というか、政党として、一通りのものはカバーしておかなくてはいけない」ということで……。

大川　ああ、その感じね。

加藤　それで、どうしても、結果的にそのようなかたちになってしまいました（笑）。

大川　そこには、「論点を漏《も》らしたら点が取れないから、いちおう、全部書いておかなければいけない」という、〝秀才の答案〟の感じが出ていますよね。

政党名や自分の名前より「政策」を訴《うった》えている実現党

加藤　ただ、実際に現場では、さまざまなかたちで、個別のテーマごとの政策チラシなども活用させていただいています。お手元の政策集のほうは、より関心のある方に向けてつくったものです。

大川　自民党や民主党のなかにも、これを手に入れる人がいるだろうけど、みな、ずっこけているでしょうね。「よく、ここまで言うなあ」っていう感じでしょう。「政権を取ってから言ってくれ」という感じでしょうかね（会場笑）。そんなところでしょう。

普通《ふつう》は、通行人が自分の目の前を通り過ぎていく三十秒以内に、頭のなかに政策を打ち込まなければいけないので、みな、それを考えているのでしょうからね。

加藤　はい。私たちも、街頭で訴《うった》えるときなどは、あくまでも、ワンフレーズというか、確かに三十秒が勝負ですので、その時間内で訴えつつ、本当に関心のある方が出てこられたときには、さらに詳《くわ》しくお話をさせていただくようにしています。

大川　本当は、「政党の名前と自分の名前を、三十秒間に十回繰《く》り返す」という訓練をしたほうが（笑）、票が増える可能性はあるんですけどね。

ここをちょっと譲《ゆず》れないところが、うちの何と言うか、頑固なところですよね。まあ頑固ですよ。

そして、こちらは「幸福実現News《ニュース》」（幸福実現党発行の機関紙）ですね。こういうものも配っているのでしょうが、この前、トクマ（幸福実現党青年局長）にサングラスを取らせるのは大変だったんですよ。サングラスをかけたまま対談に出てくるのでね（笑）（『ジョーズに勝った尖閣男《せんかくおとこ》』〔幸福の科学出版刊〕参照）。

加藤　サングラスを外すと、トクマは意外にいい男ですよね。

大川　いい男でしょ？

加藤　はい。

大川　そう言って持ち上げないと、サングラスを取らないからね（会場笑）。「サングラスを取ったら、いい男だなあ」と一生懸命《いっしょうけんめい》に持ち上げて、やっと取ったけれども、そうしないと、「不真面目《ふまじめ》である」とか、いろいろと書かれ始めて、打ち込まれたりすることもありますからね。

2　東大法学部は「天下国家」を語る

宮澤喜一《みやざわきいち》が、東大の「秀才神話《しゅうさいしんわ》」を崩壊《ほうかい》させた

大川　あなたも、すごいですね。「幸福実現Ｎｅｗｓ《ニュース》」に「神仏との邂逅《かいこう》」という文章を書かれていますが、まあ、邂逅という漢字を読める人は、普通《ふつう》はいませんよ（会場笑）。これには振《ふ》り仮名《がな》が付いているから、まあいいですけれども。「元寇《げんこう》の史実に学ぶ、神仏を尊ぶ国づくり」ですか。うーん。幸福実現党のみなさんが、当選するかどうかを考えていない雰囲気《ふんいき》が、明らかに伝わってきますね（笑）。そういうところは、お互《たが》いに、もう冷や汗《あせ》ものですね。

加藤　（笑）（会場笑）

大川　私と加藤さんは、いちおう大学の先輩後輩《せんぱいこうはい》の関係なんですが、いやあ、やっぱり、学風がちょっと悪うございましたかね。

加藤　ただ、東大法学部を卒業しても、大川総裁のように本当にクリエイティブな方もおられますので。

大川　いやあ、もうねえ、宮澤喜一《みやざわきいち》先輩が日本を没落《ぼつらく》させてからあとは、もう、本当に頭が上がらないというか、日本に申し訳ない時代が二十年続いておりますね。

加藤　宮澤さんは、「秀才《しゅうさい》神話」を崩壊《ほうかい》させてくれた方でしたね。

大川　いやあ、あの沈《しず》み方は激しかったですよ。

加藤　確かに激しかったです。

大川　もう、原潜《げんせん》が爆発《ばくはつ》して沈んだようなすごさでしたね。総理になる十五年前か二十年前ぐらいから「総理候補」と言われていて、「遅《おそ》すぎた総理」と言われたほどの人で、ものすごく期待されていました。

当時は父親のブッシュ大統領のころでしたが、「宮澤は手強《てごわ》いぞ！」という感じで、外国誌の「タイム」の表紙などにも顔が出たりしていました。ところが、結果は、まあ、ああいう感じで……。

加藤　一つの「インテリ神話」の崩壊でした。

大川　あの崩壊の仕方は激しかったですね。それで、八つ当たりで国家公務員の削減《さくげん》を始めたりして、「東大法学部不況《ふきょう》」などと言われたりしました。これは日下《くさか》公人《きみんど》さんが名付けたのではないかと思いますが、「法律だけ勉強して、経済を知らない人たちが政治をしているから、国の舵《かじ》取りが、こんなことになってしまっているんだ」という感じになったわけです。

そのあと、なかなか東大出身者が出てこなくて、やっと工学部出身の鳩山《はとやま》さんが出てきたのですが、また情けない最後になってしまいました。もう、本当に涙《なみだ》が出ますよね。

加藤　うーん。

東大・早稲田《わせだ》・慶応《けいおう》の「校風」の違《ちが》い

大川　東大では、何て言うか、「どうしたら人気が出るか」とか、「どうしたらサービス精神が出るか」とか、「どうしたらお金が儲《もう》かるか」とかいうことは、教わった記憶《きおく》がないですよね。

加藤　振り返ると、確かに東大法学部のカリキュラムには、基本的に、お客様の立場に立つといったサービス精神はありませんでした。

大川　まずありませんよね。「そんなことは、絶対に、口が裂《さ》けても言わない」という感じですよね。

加藤　はい（笑）。

大川　これは、やはり、教育に欠陥《けっかん》があることは明らかですね。

そのおかげで、早慶《そうけい》がだいぶ上がってきているんですけれども、早稲田《わせだ》出身者の場合は、やはり、人間関係のところがうまいように感じますね。

加藤　人間関係の部分が、こなれているというか、東大とは違《ちが》う感じがします。

大川　こなれていますよね。まあ、自由な校風の影響《えいきょう》もあるのでしょうが、「部下に使ってよし、上司に使ってよし」で、どちらもいけるんですよね。

加藤　はい。

大川　部下になったら、部下として上手に仕えて、上になったら上になったで、上司としてきちんとやれるんです。これは、東大にはできないんですよ。

それから、慶応は、やはり、お金とコネのつくり方が、もう達人級ですね（会場笑）。これは、遺伝子としてバシッと入っているんです。「どうしたらお金とコネがつくれるか」ということが、みな、もう染《し》みついているかのように、自然に入っているんですよね。
東大なんて、同窓《どうそう》だとか、先輩後輩だとか言っても、敵同士がいっぱいなんですね。

加藤　(笑)うーん……。

大川　自民党から共産党まで、同窓生同士が戦いまくっているような状態です。みな一匹狼《いっぴきおおかみ》で、「秀才は群れず」という感じで、お互いに批判し、鉛筆《えんぴつ》一本で戦う感じが遺《のこ》っているんですよね。

加藤　はい。

大川　ただ、答案に価値があった時代は、それでよかったのですが、今は、答案一枚に、それほどの価値はないのでね。

加藤　はい。

大川　これは、悲しいですねえ。

東大法学部が「天下国家」を言わなくなったら何も残らない？

加藤　ただ、また東大法学部の話になってしまうんですが、やはり、「天下国家」と申しますか、「この国のために」という志を持った人間が多かったのも事実だと思います。

大川　そう、それだけなんですよ。これを落としたら、最後は、もう、何も残らなくなる（会場笑）。

もう、最後に、褌《ふんどし》を取ってしまったような感じですよね。

加藤　「天下国家」を言わなくなったら、あとの教育内容は、ちょっと……。

大川　「天下国家」を言わなくなったら、あとは、もう、褌一枚を取って銭湯《せんとう》に入ったような感じになるんですよね（笑）。

加藤　はい。そうですね。

大川　ここだけですよ。ただ、「天下国家」を言うのは、人気がなくなったと言えば、まあ、そうなのかもしれません。

加藤　時代が変わり、流行《はや》らなくなってきたのかもしれませんね。

大川　そうですね。

東大でマルキシズムが強い理由は「理性信仰《しんこう》」にある

大川　実際は、国の舵取りがうまくいかなくなったがゆえに、「天下国家」を別のかたちで言う左翼《さよく》の「マルキシズム」みたいなものが、何度も何度も盛り返して上がってくるんですよね。

あのマルキシズムというのは、下から見た、別の意味での「天下国家」なんですね。

加藤　なるほど。

大川　その意味では、今、左翼の波に、全世界が洗われている感じなんですよね。

加藤　私も、在学中には、それほど気づかなかったのですが、あそこまで左翼思想が根強かったとは……。

大川　根強いですよねえ。

加藤　ほとんどすべての授業が、左翼思想に基《もと》づいていることが、実際に在学していたときには分かりませんでした。

大川　いや、本当はね、そういう炭鉱労働者の味方をしようと思ってカリキュラムをつくっているわけではないと思います。実際は、そうではないんですよ。

本当は、やはり、「理性信仰《しんこう》」なんだと思うんです。フランス革命以降の理性信仰があって、「賢《かしこ》いインテリが、きっちりと計画を立てて国家の政治・経済を行《おこな》ったら、みな、うまく行く」という考えがあるんですね。つまり、「凡人《ぼんじん》が集まって議論するよりも、賢い人たちが集まって、きちっと計画を立ててやったほうが、ずっとうまくいくのだ」という信仰があるので、本当は、炭鉱労働者の組合を守るためにつくったカリキュラムではないはずなんです。

加藤　確かに、そうですね。

悪口などは相手にせず、「わが道を行く」のが東大生

大川　やはり、だんだん、成果があまりあがってこなくなってきたところが問題なんですよね。

加藤　輩出されてくる人材の質を見ると、やはり、抜本《ばっぽん》的に大学の組織やあり方を考え直さなければいけないときに来ていると思います。

大川　そうですね。

それで、今は、マスコミのほうの力が昔よりも増してきているけれども、このマスコミのほうは、早稲田なんかが強いんですよ。

加藤　強いですね。

大川　東大のほうは、悪口の言い方などは教えてくれないですからね。

加藤　確かに。

大川　みな、高《たか》をくって黙《だま》っているようなところというか、けっこう飄々《ひょうひょう》としているところがあって、なんか慣れているんですよね。いろいろと悪口を背中から浴びせられることはいっぱいあるんだろうけど、どこ吹《ふ》く風で、けっこうやっているところがあります。「男、東大、どこへ行く。背中のいちょうが泣いてるぜ」みたいな感じで（会場笑）、けっこう、そんなところがあったんですよね。

そういう、「わが道を行く」みたいなところがあって、悪口などは相手にしないようなところがあったのですが、自分のほうから批判をする訓練は、あまり受けていないんですね。

加藤　はい。

大川　ある意味で、「わが道を行く」なんですね。こういう部分が、東大のちょっと沈んでいるところで、ある意味で、日本の屋台骨への信頼《しんらい》が失われたのが、この二十年だったのかな。

加藤　確かにそうですね。

大川　戦後、高度成長をしているときは、東大には、ある意味での信頼があったんですよ。しかし、最近、民主党が「政治主導」「官僚《かんりょう》不信」と言い、「政治が主導権を取り戻《もど》しさえすれば、うまくいく」というようなことを言ったんだけど、一年ももたなかったですよね。

「中身がないものは、口だけでいくら言っても駄目《だめ》だ」ということが、あっという間にばれてしまいましたよね。

3 「バブル崩壊《ほうかい》」は間違《まちが》いだった

「バブル」と言われた時代、日本は本当に強かった

加藤　一九九〇年ごろのバブル崩壊《ほうかい》後、「失われた二十年」と言われますが、もう二十数年になります。

大川　そうですね。

加藤　この間《かん》の停滞《ていたい》を見るかぎり、やはり、日本の国を抜本《ばっぽん》的に変えなければいけないときが来ていたということなのでしょうか。

大川　そうですねえ。まあ、今は、当会も政党をつくるところまで来たけれど、それ以前から、要所要所で政治的発言はしてきました。ただ、聞いてもらえなかった面はありますね。当時のマスコミは、「バブルが破裂《はれつ》した」と、なんか、風船が膨《ふく》らんで破裂したみたいに、他人事《ひとごと》のような言い方をしていましたね。

加藤　私も、いちおう社会人の駆《か》け出しとして、一九八〇年代を経験させていただきましたが、あのころの日本は、本当に強かったと思います。

大川　強かったんですよね。だけど、「もう一段、強くなることが、怖《こわ》かった」という感じでしたね。

加藤　怖かったのでしょうね。

大川　アメリカを追い抜《ぬ》くのが怖かった感じでしたね。それだけのものを打ち上げられる人がいなかったということでしょう。

加藤　一九八〇年代の後半には、世界ランキングを見ると、銀行でも製造業でも、もう何でも……。

大川　そうですよ。十番以内に、八つか九つは入って……。

加藤　八つぐらいは必ず入っていましたよ。

大川　銀行も、世界の上位十番のうち、日本の銀行が八つぐらい入っていました。

加藤　そうでしたね。

大川　だから、あのころの人には、みな、すごくプライドがあったんです。今は、大学ランキングなどでも、世界の五十位のなかの下半分に、三、四校ぐらいが入っている程度ですが、昔は、そんなことはなかったですよね。

加藤　そうでした。はい。

大川　もう、ランキングの一桁《けた》台の上のほうを占《し》めていて、世界的な競争力を持っていましたよね。

加藤　はい。

大川　なんか、国の競争力が落ちると同時に、信用も落ちているんですよね。

今の官僚《かんりょう》や政治家は、マスコミの攻撃《こうげき》に弱くなっている

加藤　そういった意味では、今日は、たまたま、衆議院の解散の日ということで、国力衰退《すいたい》の著《いちじる》しかった民主党政権の三年間についてもちょっと……。

大川　そうですね。総括《そうかつ》しなければいけない。

加藤　批判しなければいけないと思っていたのですが。

大川　そうそう、そうそう。

加藤　また、民主党だけではなく、この二十数年のうち、三年間以外は、ずっと自民党政権でしたので……。

大川　そうですね。

加藤　東大法学部に対する評価がちょっと変わってきたのと同様、日本の政治に対する評価も変わり、抜本的に立て直しをしなければいけないときが来ていると感じます。

大川　うーん、だから、官僚《かんりょう》と政治家に、週刊誌や新聞、テレビ等の、ゲリラ的な攻撃《こうげき》に持ち堪《こた》えられるだけの力がなくなった感じがしますね。

加藤　うーん。

大川　昔は、いっぱい悪口を言って攻撃するにしても、甘《あま》えがあったと思うんですよね。つまり、「子供が駄々《だだ》をこねていても、最後には親がちゃんとやってくれる」というような感じの信頼《しんらい》感があったと思うんです。

ところが、今は、攻撃したら、本当に壊《こわ》れてしまうみたいな弱さになってきているんですよね。

中国にＧＤＰで逆転されたのは「バブル潰《つぶ》し」が原因

大川　あのバブル崩壊のときに、私は、「これはバブルではないから、潰《つぶ》してはいけない」ということを発言したのですが、みんな……。

加藤　一九九〇年代のご法話《ほうわ》でも、一貫《いっかん》しておっしゃっていました。

大川　そうそう。初期のころに言いましたよね。みな、バブルを潰しにかかって、それ一色でしたね。もう、「国民の総意」という感じで、潰しに入っていました。

私は、「こんなことをしたら、大変なことになる」と言っていたのですが、もう止まりませんでしたね。なんか、今の脱《だつ》原発の運動がガーッときたのと同じですけれども、国民の総意のように言っていました。

バブル崩壊によって、土地の値段が下がり、株の値段も下がりましたが、これが何を意味しているかというと、「会社の値段が下がり、担保がなくなって、その次は、銀行が不良債権《さいけん》で倒《たお》れ、資金の調達が不可能になって、産業がつくれなくなっていく」ということなんです。そういう流れが加速していくわけですね。

あれが原因で、日本は伸《の》びなくなったんです。それが分かっているんですよ。

加藤　そうですね。宮澤《みやざわ》さんの言われた「資産倍増」が、実は「資産半減」の結果になりまして……。

大川　これがねえ、もう本当に悔《くや》しい。

加藤　悔しいですね。

大川　悔しい。「なぜ分からないのだろう」という悔しさには、もう、何とも言えないものがあります。でも、バブル批判を書いている連中には、「自分らは株で儲《もう》けていない」というような思いがあったんでしょうね。

加藤　はい。一九八九年ごろ、中国のＧＤＰは、ちょうど東京都と同じぐらいでした。

大川　そうそう、そうなんです。

加藤　それが、中国が猛烈《もうれつ》な経済成長を続ける間、日本はまったく成長せず、あげくに株価は四分の一になり、気がつくと経済規模《きぼ》で逆転されてしまいました。
これは、やはり、民主党だけを批判すべきではなく、自民党のほうも、根本的なところで、少し反省が必要なのではないかと強く思います。

「バブル潰《つぶ》し」の間違《まちが》いを認めると、マスコミが崩壊《ほうかい》する

大川　前にも言ったことがありますが、あの菅《かん》さんが一九九〇年代の初めに書いた本のなかには、「東京の人口を二百万人にまで減らしたら、土地付きの家に住めるようになる」という記述があるんです。まあ、「何を考えてるのか」という感じですよね。一千万人を追い出して、いったいどこに住めと言うんでしょうか。
言っていることが、何か狂《くる》っていますよね。

加藤　はい。やはり、根本《こんぽん》のところが、おかしくなってきている感じがします。

大川　何かが狂っているんだけど、その狂っている何かに気がつかないままに、批判だけが、いろいろと、いっぱい積まれている感じですね。

そして、その批判が間違《まちが》っていたら、それをごまかすために、さらに、それに「上塗《うわぬ》り」をしてくるでしょう?

今年、『平成の鬼平《おにへい》へのファイナル・ジャッジメント』(幸福実現党刊)を出して、日銀の三重野《みえの》元総裁について、「間違っている」と言ったけど、あれに関しては、まったく無反応で、サイレントでしたね。

加藤　そうでしたね。

大川　今年出した本のなかで、いちばん反応がなかったのは、あの本なんですけど、「あれだけは認めてはならない」という不文律があるのではないでしょうか。

加藤　なるほど。

大川　あれを認めたら、実は、マスコミが崩壊《ほうかい》するんですよ。

加藤　はい。

大川　しかも、マスコミだけでなく、要するに、バブル潰《つぶ》しを支持したのは、国民でもあるから、実は、民主主義の崩壊にまでつながっていくおそれが、実際はあるのではないかと思いますね。

前回の政権交代は、国民が自民党政治に飽《あ》きたため

加藤　今回、民主党政権がいちおう解散というかたちで終わり、今の流れでいくと、安倍《あべ》自民党が比較《ひかく》第一党になるのではないかと思われます。

しかし、私ども幸福実現党といたしましては、民主党政権の三年間の失政については、「これはひどいものだった」と思っていますが、やはり、「自民党についても、過去、二十数年間の問題はけっこうある」ということを、訴《うった》えていかなければいけないと思っております。

大川　前回の総選挙のときは、基本的には自民党政治に飽《あ》きたんでしょうね。ずーっと自民党政権だったので、「民主党に代えたらうまくいくのではないか」というような気持ちがあったのが一つですね。

加藤　ちょうど、三年前には、アメリカも、イギリスも、すべて二大政党で政権交代をしていますので。

大川　そうそう、そうそう。

加藤　なんか、あれをまねしてやると、いかにも先進国のような感じがして、やらないと、発展途上《とじょう》国のような感じがしたのでしょうね。

大川　まあ、へそ曲がりなのかもしれないけれど、バブル潰しのときも、それを「間違いだ」と言ったのは、日本では、五人もいなくて、私を入れて三人ぐらいしかいなかったのではないかと思いますよ。

加藤　はい。

4　日本の教育を立て直すための王道とは

「ゆとり教育」で、企業《きぎょう》の競争力が落ち、学校の荒廃《こうはい》が進んだ

大川　それから、「ゆとり教育」が始まったときも、マスコミは、全部、諸手《もろて》を上げて賛成でしたね。「これで、家庭内暴力から、学校の落ちこぼれ、いじめまで、全部なくなる」というように言っていました。

「『ゆとり教育』は危ないぞ」と言ったのは、私がいちばん早かったと思いますが（月刊「ザ・リバティ」一九九六年一月号にて）、その後、日本企業《きぎょう》の国際競争力が落ちて、外国企業にどんどん負けていく歴史が始まったんです。それと同時に、実際には、校内暴力など、学校内の荒廃《こうはい》はさらに進んだし、しかも、いじめは起きるわ、犯罪は起きるわ、自殺は増えるわで、もう……。

加藤　その少し前、一九九二年の学習指導要領の改訂《かいてい》で、「新しい学習観」というものが出されました。
　これがゆとり教育への伏線《ふくせん》となり、かなりの破壊力《はかいりょく》を持っており、授業時間が削《さく》減《げん》され、さらに、道徳教育の位置づけが下がりました。

大川　そうですねえ。

加藤　私も、驚《おどろ》いたんですけれども、今は、本当に、「正義」や「善悪」などの価値観を教えない教育になってきていると感じております。
　実際に、小学校の授業で、こんな内容がありました。ケーススタディとして、「お父さんが病気になって、子供が薬を買いにいったのですが、お金がないので薬を万引きして帰ってきました。これはいいことでしょうか、悪いことでしょうか」

などということを、小学生に議論させたりしています。それに対して、先生は答えを言わず、議論が紛糾《ふんきゅう》し、さまざまな意見が出ることをもって、「よし」とするような感じなんです。

大川　ああ、民主主義的な教育になっているんですね……。

加藤　今は、完全にそういう流れになっています。

大川　なるほどねえ。

加藤　ですから、幸福実現党としては、教育問題についても、「ゆとり教育」の転《てん》換《かん》に加え、徳育の充実《じゅうじつ》を図《はか》るなど、根本的に正していく方向で訴《うった》えていこうと思っています。

大川　「ゆとり教育」は、いいことのように聞こえるんですよ。ただ、こちらは、宗教的に結論を知っていますからね。

生長《せいちょう》の家という宗教団体の初代総裁が書いた『生命の実相』のなかには、「小学生が、みな百点を取れるようにしたら、まったく争いのない世界になり、世の中がよくなる」というようなことが、宗教の教義として書かれています（笑）。まあ、建前《たてまえ》上は、よさそうに聞こえるのですが、現実に、高度に発展していく文明社会においては、やはり厳しいものがあるんですね。

やはり、このへんに、詰《つ》めの甘《あま》さがあると思います。

経済学でも同じです。生長の家では、「無限供給の経済」を説いていて、「お金を出せば出すほど、逆にお金が入ってくる」と、単純なことを言っています。これは、「ディスカウントしたら、いくらでも儲《もう》かる」というようなレベルの経済学ですよ。

しかし、現実は、そんなに甘くはありません。

学校の先生から「権威《けんい》」が失われている

加藤　学校の授業の内容が、浅く薄《うす》くなり、さらに、善悪の価値観がなくなって、子供たちに、「民主主義だから、君たちの好きなようにやりなさい」と言えば、いじめが流行《はや》るのは、さもありなんという感じがします。

大川　うーん。やはり、先生が偉《えら》くなくなって、権威《けんい》がなくなりましたよね。公立校の先生には、特に権威がないけれども、私たちが小さいころは、それほどでもなかったですよ。私立校よりも公立校のほうが上でしたからね。

加藤　はい。私のころも、先生は偉かったです。やはり、権威がありました。

大川　私立校よりも公立校のほうが上だったので、先生も威張っていたというか、権威がありましたよね。

加藤　はい、ありましたね。

大川　例えば、中学校あたりでは、先生が言うことをきかない生徒を捕《つか》まえて、頭にバリカンをかけて坊主《ぼうず》にしていましたよ。だいたい体育教師というのは、そういう悪い生徒を押《お》さえつけるために雇《やと》われているのが普通《ふつう》でした。そういう生徒を体育館の裏へ呼び、バリカンをかけて頭を二分刈《にぶが》りなどにしていましたね。今だったら、当然、これは「虐待《ぎゃくたい》だ」と言われるようなことでしょう。

加藤　もう保護者からも大変なクレームが来るでしょうし……。

大川　それを力で押さえ込《こ》む、筋力で押さえ込むというのが、体育教師の役割だったんですけれどもね。

まあ、そういうことをやったからといって、別にどうということはないんですが。

加藤　はい。やはり、いじめをなくしていくには、子供たちに、当然やるべきことというか、「読み、書き、そろばん」の基礎《きそ》的な学問を、しっかりやらせた上で、善悪についても、しっかりと教えていくことが大事だと思います。

こういう当たり前のことに、しっかり取り組んでいくことで、逆に、教育も立て直せると私は思っております。

5 「空気支配の国」日本の危《あや》うさ

大川　日本の危ないところは何かと言うと、全部が一緒《いっしょ》になって、一斉《いっせい》にウワーッと動くことです。こういうときが、本当は最も危ないんです。

例えば、先ほど言った、「バブル崩壊《ほうかい》」のときも、「バブルは絶対におかしいから潰《つぶ》せ！」と言って、みんなでワアワア大合唱をし、国民の総意で潰しました。それから、「ゆとり教育」のときも、「これはいい」と言って、みな、その方向にウワーッともっていきました。

その次は、この前のCO_2排出削減《はいしゅつさくげん》です。「地球温暖化対策こそが大事だ」と言っていたのに、今ではもう、CO_2排出削減なんて誰《だれ》も言っていません。みな、ピターッと言わなくなり、まるで箝口令《かんこうれい》が敷《し》かれているようですね。

ただ、「原発をやめる」ということは、「CO_2が増える」ということなんですよ。

加藤　はい。同じ民主党政権でありながら、これは信じられないことです。

大川　どうなっているんですかね。あれだけ言っていたことは、いったい何だったのでしょうか。火力発電が中心になったら、CO_2だらけになるのですが、そんなことは、もう全部パーッと投げてしまって、それどころでないんでしょう？

でも、自動車などが普及《ふきゅう》してCO_2排出量が増えた時期と、地球が温暖化した時期とを比べてみると、四十年ぐらい、ずれているんですよ。つまり、CO_2が増えたあと、実は、寒冷化が四十年ぐらい続き、それから気温が上がってきているので、温暖化はCO_2とは関係がないんです。

私は、「地球の周期によって、気温が上がったり下がったりしている。歴史的には何度もそういうことが起きているので、CO_2と地球温暖化には因果《いんが》関係がない」

と判断していました。だから、その議論を全然相手にしていなかったんです。

加藤　それは、本当に勇気のあるご発言だったと思います。

大川　実際に、今ではもう、CO_2削減を言う人はいなくなりましたよね。もう、バカみたいな話です。「何パーセント削減」などと一生懸命《いっしょうけんめい》に言っていて、排出権の売り買いまでしていたのに……。

加藤　はい。取り引きがございましたね。

大川　CO_2の排出権を国家間で売り買いしたり、もう、こんなことの繰《く》り返しばっかりですよ。

加藤　同じ民主党政権でありながら、「CO_2削減」を掲《かか》げつつ、その一年数カ月後に、今度は「原発廃止《はいし》」というかたちで、結果的にCO_2を排出する流れになるという……。

大川　そうそうそう。

加藤　この点は、もっと問題提起をしなければいけないことです。

6 「国防」から逃《に》げるなかれ

「票にならない論点」から逃《に》げる政治家には、リーダーの資格なし

大川　それと、もう一つ不思議なのは、「言わないときには全然言わない」ということです。例えば、二〇〇九年の総選挙のときには、自民も民主も、国防について、ピタ―ッと何にも言わなかったですよね。「票にならない」と思ったら、一切《いっさい》……。

加藤　幸福実現党だけが国防を訴《うった》えていました。

大川　ほかは、一切、言いませんでしたよね。この政治家の体質と、それを批判しないマスコミの体質は、やはり、これは卑怯者《ひきょうもの》の山ですよ。

加藤　卑怯ですね。

大川　武士だったら、もう無礼討《ぶれいう》ちではないけれども、バシーッと斬《き》りたくなるぐらいですよね。「それでも男か！」って、やはり……、失礼（笑）、女性もいらっしゃるのかもしれないけど、ちょっと卑怯ではないでしょうか。「票にならない」と思うと、みな、何も言わずに、うまいこと逃《に》げているんですよ。このへんの体質は嫌《いや》ですね。

加藤　本当に卑怯です。

大川　率直に言って、この感じは嫌ですね。今も、「第三極がどうのこうの……」、「維新《いしん》の会がどうのこうの……」などと言って、すぐ、選挙の直前に逃げ出していこうとする。こういう連中は、私は嫌です。

加藤　野合《やごう》ですよね。

大川　もう嫌ですね。こういう一本筋の通っていない人間は、クズです。リーダーになる資格なんかありません。

日本の危機が深まるだけだった民主党政権の三年間

加藤　幸福実現党の立党の主旨《しゅし》は、「このままでは、民主党政権ができてしまう。もし民主党政権ができたら、大変な国難が来る。その国難のなかでも、特に、中国の軍事的脅威《きょうい》というのは大変な問題である」というものでした。これが、やはり、きっかけだったと思います。

大川　うちが、そうやって、「国難になる」と言っているときに、「日米中の正三角形をつくる」と言ったのは、鳩山《はとやま》さんや小沢《おざわ》さんたちですよ。みな、そんな感じでしたからね。

加藤　自民党でも、加藤紘一《かとうこういち》氏なんかは同様のことを言っていました。

大川　「中国とアメリカと日本が、等距離《とうきょり》の外交をやったらうまくいく」などというのは、本当に軍事・外交の基礎《きそ》的な知識がない人の考えですよ。

それは、「国を守れなくなる」ということを意味しているんですが、そういうことが分からないわけです。

加藤　しかし、大川総裁の予言どおり、この民主党政権の三年三カ月の間に、中国の軍事的脅威はさらに高まり、日本の危機、国難が本当に深まった感がありますね。

大川　中国どころか、韓国《かんこく》にまで、なんかねえ……。

加藤　韓国にまでなめられています。

大川　日本に対してジャブを打ってみて、弱かったら、「もうちょっと余分に取ってやろうか」っていうぐらいの雰囲気《ふんいき》でしたよね。

大統領が竹島《たけしま》でスタンドプレーをして、さらに人気が出たら、「もう一回ぐらい行《い》ってやろうか」というような感じだったと思いますよ。

だから、正式に、拮抗《きっこう》するような関係で議論を交《か》わし、もちろん、武力でも戦えるような状態で「対等の外交」をやっているならいいけれども、片方が、亀《かめ》のように首を引っ込《こ》める以外に方法がないような状況《じょうきょう》で、もう片方が、それを竹竿《たけざお》で叩《たた》き放題の状態では、対等な交渉《こうしょう》なんかできませんよ。

7　日本を「経済成長路線」に乗せよ

日本の家電業界の危機は一年半前に分かっていた

加藤　さて、国防問題や、教育問題の話をしてまいりましたが、「幸福実現党の政策の三本柱」としては、もう一つ、経済成長に関する政策がございます。この国をもっと力強い経済成長路線にもっていかないと、本当に、パナソニックやソニーが、それこそ、韓国《かんこく》のサムスンあたりに買収されてしまうような未来があると思っています。

大川　まあ、自分で言うのもなんですが、去年のインド・ネパール巡錫《じゅんしゃく》（二〇一一年二月下旬《げじゅん》から三月上旬）の直後に、「日本の家電が危ない」と私は言ったんです

（『救国の志』〔HS政経塾《じゅく》刊〕参照）。これは、かなり早かったと思いますよ。これも、やっと今ごろになって分かってきたんでしょう？　一年半たって、「本当に危ない」ということが。

加藤　日本経済が強かった一九八〇年代は、海外のどこに行っても、ソニーや松下《まつした》（現パナソニック）やサンヨーなど日本企業一色でした。

大川　そうそう。

加藤　それが、すっかり変わってしまいました。

大川　私は、インドがサムスンの製品だらけになっているのを見て、「これは危ない」と思ったんですよ。

それで、サムスンの研究をしてみたのですが、一つには、彼らは、やはり社員の英語力をものすごく強化しています。みな、アメリカに留学させて、MBA（経営学修士）を取らせたり、「TOEIC《トーイック》で九百点以上なければ採用しない」というほど、威張《いば》った採用の仕方をしたりしています。

そういうことをやっているわけですが、日本のメーカーのほうは、もう、五百点を取るのもなかなか大変なレベルで……。

加藤　たいていは五百点か六百点ぐらいですね。

大川　七百点も取ったら、もう「管理職への一本道」みたいな感じですよね。

日本よりも学力競争が激しい韓国《かんこく》や中国のハングリーさ

加藤　確かに、韓国《かんこく》の場合は、徴兵《ちょうへい》制などもありますし、教育する側にも受ける側にも、鍛《きた》え方とか、根性《こんじょう》とかに、やや日本とは違《ちが》うところがあるのかなと思います。

大川　まあ、彼らのほうが、ハングリーはハングリーですね。今、韓国や中国では、日本よりも「学歴信仰《しんこう》」が強いんですよ。むしろ、あちらのほうが、よほど強いんです。

塾から学校から、ものすごい過当競争を、現実にやっているんですよね。

加藤　おそらく、ソウル大学は、東京大学よりも、ステータスが数倍上かもしれないですね。

大川　まあ、「競争が激しい」という意味では、そうかもしれないし、中国のほうでは、北京《ペキン》大学とか清華《せいか》大学とかが、すごく威張っているんですよね。なかにいる人たちの、あの威張り様《よう》は、もう、どうしようもないぐらいです。

加藤　中国の人口は、日本の十倍以上ありますので……。

大川「これだけの人口がいて、これだけの競争をしているのだから、もうよほど上なんだ」と……。

加藤　定員はほとんど東大と変わらないわけですから、難易度は、やはり十倍以上かもしれません。

8　中国が内乱で崩壊《ほうかい》する可能性

まだ〝明治維新《いしん》〟が起きていない中国

大川　ただ、文明のレベルとして見ると、中国には、まだ〝明治維新《いしん》〟が起きていませんからね。中国は、〝明治維新〟の前の段階にあって、まだ儒学《じゅがく》の試験をやっているような状態だから、日本とは文明のレベルが一緒《いっしょ》ではないんですよ。日本で言えば、「適塾《てきじゅく》は難しい」と言っているようなレベルと競争しているわけなので、話が一緒ではないんです。それは、いずれ明らかになると思います。「内容が違《ちが》う」ということが、いずれ分かるとは思いますね。

加藤　成熟度というか、民度《みんど》、トータルの国力がまだまだですね。

大川　遅《おく》れていますよ。中国では、まだ〝明治維新〟が起きていません。本当の意味では起きていないんです。

今、「共産党一党独裁」というかたちになっているわけだけれども、一握《ひとにぎ》りの共産党幹部がまとめているだけなので、これは、昔、専制君主が農民ばかりを治めていたような時代と、実際は変わらないんですよ。それが現代的なかたちに置き換《か》わっているだけで、現実は、それと同じ状態ですね。

加藤　今回も「新しい皇帝《こうてい》」がまた誕生したという感じがしますね。

習近平《しゅうきんぺい》は「最後の皇帝《こうてい》」になるかもしれない

大川　アメリカでは、「五パーセントぐらいの金持ちが、国の大半の資産を持っている」というので、オバマさんが、今、金持ちを攻撃《こうげき》し、「富裕《ふゆう》税をかけて金持ちからお金を取り上げる」と言っていますが、中国の場合は、五パーセントではなくて、一パーセントの人が、国富の四十一・一パーセントを持っているんですよ。アメリカ以上なんです。これは目茶苦茶《めちゃくちゃ》ですよ。

加藤　それでも、建前《たてまえ》上は、いまだ「共産主義国家」であるというのですから。

大川　でも、国民には知らせていませんからね。情報を知らせていないものは、「ない」のと一緒なんですよ。それが国民には分からず、何だか分からないけど腹が立つから、あちこちでデモがいっぱい起きているのですが、正確な情報に基《もと》づくデモではないんです。

何だか知らないけど、暴れたくなっているだけなんですね。とにかく、何かがおかしいことだけは分かるんですよ。「上のほうの人たちは、一億円もするような外車を乗り回しているけど、あれはおかしい」とか、こんなことだけは分かるんですよね。

加藤　そういった意味では、習近平《しゅうきんぺい》体制が新たに発足《ほっそく》して、もちろん、彼にはそうとうな力量があるとは感じておりますけれども、一方で、中国の抱《かか》えている社会的な矛盾《むじゅん》とかが限界に来ている面も、感じなくもありません。

大川　いや、これは、「アジア制覇《せいは》」をするか、「最後の皇帝《こうてい》」になるか、本当に賭《か》けみたいなものですよ。

加藤　習近平体制のこの十年間は、まさに賭けだと思います。

大川　うん。賭けだと思いますね。今の中国の矛盾を見たら、彼の今の考え方で行くと、内部からの反乱で崩壊《ほうかい》する可能性も十分にありますよ。秦《しん》の始皇帝《しこうてい》並みにやられる可能性はありますね。

9 「国防の最前線」で考えたこと

知事の仕事は、選挙に受かれば誰《だれ》でもできる？

司会　今、お話が、ちょうど中国問題に及《およ》びましたが、この対談の冒頭《ぼうとう》で、まず、民主党政権がこれまでに残してきた禍根《かこん》について言及《げんきゅう》され、その後、バブル崩壊《ほうかい》後の二十数年間の問題や、教育崩壊の問題などについても振《ふ》り返りながら、お話が進んでまいりました。

さて、政局が、このような状況《じょうきょう》にあるなかで、幸福実現党も、二〇〇九年の立党から三年以上がたとうとしています。加藤文康さんご本人は、東大法学部を出られて、NTT、それから、神奈川《かながわ》県庁の財政課に所属していらっしゃったということですし、二〇〇九年の衆議院選挙、同年十月の参議院補選、それから、二〇一〇年の参議院選挙など、幸福実現党のなかでは、最も多く立候補して……。

加藤　いや、負けて……（会場笑）。

司会　いえいえ、キャリアを積んでいらっしゃいます。

大川　毎回、「もう二度と出ない」と言って帰ってきては、また出ていくんですよ。

加藤　そうは言ってはおりませんが……、申し訳ございません。

司会　宗教法人に奉職《ほうしょく》したというバックボーンの以前に、そうした企業《きぎょう》や行政などに携《たずさ》わる経験を持ち、そして、候補者として数多くの有権者の方と接してきた加藤さんならではの視点で、幸福実現党のいろいろな成果であるとか、民主党、自民党、あるいは第三極と言われる他党との違《ちが》いなども含《ふく》めて、分かりやすくお話しいただければありがたく思います。

大川　神奈川県庁の財政課だったら、エリートコースですからね。トップエリートですよ。

加藤　まあ、複雑な事情があって、ちょっと行かせていただいたのですが……。

大川　いやいや、トップエリートだろうから、神奈川県知事にも会えたのではないですか。

加藤　当時は、長洲《ながす》知事（長洲一二《かずじ》氏）でございまして、やはり、予算査定のときには、私は二十代半ばでしたが直接やり取りをしていました。

大川　今度の東京都知事選に出る松沢《まつざわ》さん（松沢成文《しげふみ》氏）も、神奈川県知事をしていましたよね。

加藤　はい。松沢さんは、当時、まだ若手の駆《か》け出しの県議でしたね。ちょうど、売り出していたころで、当然、面識はございましたけれども。

大川　彼は、年は幾《いく》つぐらいですか。

加藤　私よりも、ちょっと上ぐらいで、五十代半ば、五十四歳《さい》ぐらいでしょうか。

大川　五十四歳ぐらいですか。まあ、実物を知っていると、だいたいの力量は推定がつくだろうとは思いますけどね。

あまり人様《ひとさま》のことを言うのもなんですが、知事というのは、はっきり言って、そんなに難しい仕事ではないですよね。

加藤　地方自治体の知事というのは、申し訳ないですが、選挙に受かれば、どなたでもできる仕事です。

無限の可能性がある東京には、「力量のある都知事」が出てほしい

大川　今、自民党が担《かつ》ごうとしている副知事の猪瀬《いのせ》さん（猪瀬直樹《なおき》氏）も、いよいよ満を持して出てくるんでしょうけど、東京都知事も、作家みたいな人ばかりが出てきますよね。彼は、作家としては何流《なん》なのでしょうか。二流という範疇《はんちゅう》には入らないでしょうが、三流で止まりますかね。

加藤　しかし、東京都と言えば、予算規模から言っても、ベネルクス三国（ベルギ

ー・オランダ・ルクセンブルク）を合わせた以上の規模がございますので……。

大川　そうなんですよ。そんな人で、できるのでしょうかねえ。

加藤　本来、力量のあるしっかりとした方に都知事に就《つ》いていただければ、いくらでも、無限の可能性があると思います。

大川　うーん。

加藤　しかし、実際には、ほとんどが「乗っかり型」であり、何もしなくても、地方自治体の知事はできてしまいますので……。

大川　誰《だれ》でもできるんですか。まあ、しょうがないですねえ。トクマも、音楽だけやって、終わりかも（笑）。

加藤　（笑）でも、トクマの場合には、「新しい風」を間違いなく吹《ふ》かせてくれると思います。

大川　まあ、歌を歌ったりしてね。

「国防の最前線」を肌《はだ》で感じたくて尖閣《せんかく》に行ってきた

司会　加藤さんは、実は、十月末に尖閣《せんかく》に行かれたそうです。

大川　ええ？

加藤　決して、トクマのまねをしたわけではございませんが、以前から、「一度、この目で国防の最前線を見ておかなければいけない」と思っておりまして……。

大川　うんうん、うんうん。

加藤　実は、ユートピア活動推進館（幸福実現党の本部ビル）で、私は「中華帝国《ちゅうかていこく》主義粉砕祈願《ふんさいきがん》」の導師《どうし》をさせていただいているのですが……。

大川　ほうほう、ほうほう。

加藤　あの経文《きょうもん》のなかに、「四方《よも》の海、たち騒《さわ》ぐとも、神の国は護《まも》らるべし」という言葉がございます。

大川　ああ、明治天皇の言葉みたいな感じですねえ。

加藤　はい。四方というのは、「四つの方向」と書きますけれども、経文を読誦《どくじゅ》させていただくたびに、やはり、尖閣の島影《しまかげ》が目に浮《う》かんでまいりまして、「ぜひ、この目に焼きつけて、祈願をするときの念《おも》いを強めたい」と思いました。また、「実際に国防の最前線というものを肌《はだ》で感じたい」と思い、十月に、ちょっとプライベートで行かせていただいたんです。

大川　それで、どこまで行ってきたのですか。

加藤　やはり、上陸はできませんでした。

大川　矢内《やない》さんは五キロ手前で止められたとのことでしたが（『国防アイアンマン対決』〔幸福実現党刊〕参照）。

加藤　私の場合は、一キロ手前で止められました。

大川　矢内さんより、もうちょっと近くまで行ったんですね（会場笑）。

加藤　はい。

大川　ああ、それは惜《お》しかったですねえ。

加藤　トクマが上陸してくれたおかげで、ものすごく警戒《けいかい》が強くなりましたので（会場笑）。

大川　（笑）

加藤　海上保安庁が、ものすごい雰囲気《ふんいき》で警戒していました。

大川　それなら、次は、サメのぬいぐるみを着て泳ぐんですよ。それがいちばんです。そうしたら、海上保安庁が怖《こわ》がって、もう寄ってこないかもしれない。「サメのぬいぐるみをかぶって泳ぐ」とか、「アクアラングを着けて潜《もぐ》って泳いでいく」とか……。

尖閣《せんかく》付近は「豊かな漁場」なのに、日本の漁船が一隻《せき》もいない

加藤　私は、小さいころに、金魚釣《つ》りぐらいしかやったことがないんですけれども（笑）、漁師見習いということで漁船に乗せてもらって、初めて釣りをしたところ、一メートル二十センチぐらいのマグロがかかったんですよ。

大川　マグロが！（会場笑）

加藤　はい。それから、サメもかかってきました。

大川　もしかしたら、旅費を取り戻《もど》せるんじゃないの？

加藤　「サメは危ない」ということで、船長が釣り糸を切ってしまったんですが、本当に豊かな漁場でございます。

大川　釣りをやったんですか。その話も、ちょっと惜しいなあ。何かに使える話題でしたね。あなたは、ちょっとニュースの発信が遅《おそ》いですよ。その話は、どこかで発信しましたか。

加藤　（笑）でも、それだけ豊かな漁場が、尖閣諸島周辺の日本の領海や、接続水域、排他《はいた》的経済水域にあるのですが、日本の漁船が一隻《せき》もいないというか、そこにほとんど行けない状況になっていることに、今回、非常に驚《おどろ》きを感じました。

大川　まあ、日本が弱いっていうことでしょうなあ。

中国の「海監《かいかん》」のしつこさは、まるで〝海のストーカー〟

加藤　それで、中国の「海監《かいかん》（海洋監視船）」が、私が行ったときも、四隻ほど、島の東西南北に居座っていて……。

大川　十月で、もう、そういう状態ですか。

加藤　はい。居座っていたんです。

大川　今でも、毎日、四、五隻は来ていますよね。

加藤　はい。毎日来ています。

大川　毎日のように来て、しつこいんですよねえ。あのしつこさは、ストーカーですよ（会場笑）。だから、〝海のストーカー禁止法〟でもつくったほうがいいね。

加藤　新聞には、ほんの数行、「今日も、連続二十何日、来ました」などと書いてある程度ですが、要は、もう完全に居座っている状態なんです。現場の海上保安庁のみなさんは本当に頑張《がんば》っておられましたが。

大川　海上保安庁は、もう徹夜《てつや》が続いていて、休みが取れない状態なので、警察官を応援《おうえん》に呼んで来てもらっているけど、それでも、だんだんもたなくなってきているでしょうね。

フィリピンの島は、あのやり方で取られましたからね。向こうは、しつこいんですよ。もう、人間はいくらでもいるから、人海《じんかい》戦術で、いくらでも出てくるんです。ほかに仕事もないような人が、いくらでも出てきますからね。

加藤　私は、海上から、国土防衛のお祈《いの》りをさせていただき、また、中国船に対して、「エル・カンターレ　ファイト」（悪魔祓《あくまばら》いの霊的秘儀《れいてきひぎ》）を行《ぎょう》じさせていただきました。

大川　（笑）

加藤　それから、戦時中に亡《な》くなった方も多く……。

大川　ああ、なるほど。

加藤　漁師さんたちも、「よくいろんな霊を見る」と言うので、慰霊《いれい》の祈りをさせていただき、感謝されました。

大川　ああ、そうですか。

「防衛出動ができるかどうか」は、国のトップ一人の肚《はら》の問題

加藤　早朝に尖閣周辺の海域に着き、それらが一通り終わったあとに、ゆっくり釣りをしていたら、昼ごろ、急に海上保安庁の船がこちらに向かってきまして……。

大川　うん。ほうほう。

加藤　さらに、モーターボートみたいなのが近づいてきて、「大至急、移動してください！　この海域から出てください！」と言うので、「何かあったのですか」と訊《き》くと、「中国の海監が、私たちの船のほうに全速力で向かってきている」と言うんですよ。

大川　おお！　面白《おもしろ》い。

加藤　私も、面白いから残ろうと思ったのですが、「とにかく、移動せよ」ということでした。要はそんな感じで、日本の漁船が来ると、中国側は、そのたびに脅《おど》かして追い出すようなことをしているんです。日本の領海でありながら、ほとんど、もう占拠《せんきょ》されているような感覚がありました。

大川　だって、海上保安庁の船も放水しかできないのではねえ。しかも、放水は、漁船にはできても、公船にはできないようですし……。

加藤　法律上、そうなんです、不思議なことに。

大川　「公船には放水できない」というのなら、もう投石でもするしかないですね。石をいっぱい積んでいって、投げるしかない。向こうもレンガなどを投げていますからね。

加藤　しかし、海上保安庁の現場のみなさんは、数多い制約のなか、また失礼ながら貧弱な装備で、本当によく頑張っておられました。

大川　いやあ、かわいそうですよ。やっぱり、トップ一人の問題です。「国のトップの肚《はら》が据《す》わっているかどうか」の問題ですよ。

加藤 「ここ一番」のときに、自衛隊法に基《もと》づく防衛出動が本当にできるかどうか、ここにかかっていると思います。

大川 石原《いしはら》さんが都知事のときに、「自分も上陸するけど、逮捕《たいほ》するならしてみろ」と啖呵《たんか》を切っていましたが、いちおう体を震《ふる》わせているような感じに見えましたね。「都知事を逮捕できるかどうか」というのを、面白いから見たかったんですよ。どんな感じになるのか。そこで「男」だったら、大したものだなあと思ってね。

例えば、海上保安庁の職員を怒鳴《どな》りつけて、土下座《どげざ》させるぐらいの力があったら、それは、かっこいいですよ。もう、「太陽の党（収録当時）に一票入れようか」と思うぐらいですが（会場笑）、でも、結局、行けませんでしたからね。

加藤　しかし、日本の場合、魚釣島《うおつりしま》に上陸した自国民は送検しても、中国の不法上陸者たちは、すぐに送り返してしまうわけです。

大川　自国民のほうは黙《だま》っていてくれるから、やはり楽なんですよ。後腐《あとくさ》れがないですからね。

加藤　うーん。

国が駄目《だめ》なら、「海の警備」を民間でやってもよい

大川　幸福実現党もマークされているから、船に乗っていくときは、いっそのこと、海賊船《かいぞくせん》みたいに髑髏《どくろ》のマークかなんかを掲《かか》げて行きましょうか。

加藤　では、上司である松島幹事長のお許しを頂いたら、再度、〝出張〟させてい

ただきます（会場笑）。

大川　（笑）けっこう、みな、行っているんですね。

加藤　私は、トクマの影響《えいきょう》を受けたわけではなく、以前から、ぜひ行きたいと思っていたんです。

大川　客観的には、これは、やはり、一般《いっぱん》に「右翼《うよく》」と言われるような行動なんでしょうかね。でも、最近は、右翼も、あまり行かないみたいですね。

加藤　いや、けっこうパラパラといろいろな方が行っていらっしゃるようです。

大川　ああ、そうですか。ふーん。

加藤　ただ、申し上げていいのかどうか分かりませんが、海上保安庁の現場の方などは、わが党に対しては非常に好意的で、「現状をよく理解しようとしてくれている。東京に戻ったらしっかり伝えてほしい」と、そんなふうに言われました。

大川　いやあ、でもねえ、国家がこういう駄目《だめ》な状態なんだったら、もう民間でやってもいいかもしれないですね。

当会提供のテレビ番組（ＢＳ11「未来ビジョン　元気出せ！　ニッポン！」）で、ＡＬＳＯＫ《アルソック》のＣＭが流れていますけど、ＡＬＳＯＫも、陸ばかりでやっていないで、海でもやったらいいんですよ。ＡＬＳＯＫの警備船が、民間人を警備するために出てもいいじゃないですか。

加藤　しかし、中国の「海監」でさえ、噂《うわさ》レベルではありますが、そうとうな武器というか、装備を持っているようです。

大川　うーん、向こうは、そうでしょうね。

加藤　いざとなれば海上保安庁の巡視船《じゅんしせん》より、もっと強いでしょうし……。

大川　いや、漁船だって武装している可能性があるので、もう信用なりませんね。

加藤　やはり、自衛隊の防衛出動のタイミングが、もう迫《せま》ってきていると思います。

大川　自衛隊も、かわいそうですよね。撃《う》たれなかったら反撃《はんげき》できないような状態ですからね。以前、北朝鮮《きたちょうせん》の不審船《ふしんせん》を追跡《ついせき》したときは、漁船からロケット砲《ほう》を撃たれたんですよ（二〇〇一年の九州南西海域工作船事件）。巡視船の上を越《こ》えていったからよかったんですけど、もし当たっていたら恥《はじ》でしたよ。「漁船」だと思っていたらロケット砲を撃ってくるのだから、向こうもやりますよねえ。

10 民主党政権に対する総括《そうかつ》

景気が減速し、早くも「増税効果」が出ている

司会　国防と言えば、二〇〇九年の幸福実現党立党のそもそもの背景には、隣国《りんごく》の脅威《きょうい》に対する、やむにやまれぬ念《おも》いがありました。

大川　やはり、「政治家やマスコミの読みが間違《まちが》っている」と感じましたね。外交的には、「中国と仲良くしさえすれば、うまくいく」というように、みな思っていたけれども、その考えは甘《あま》いわけです。私は、中国の次の体制まで読めていたので、「このままでは、日本はやられる」という読みをしていました。

それから、経済政策のところも、やはり、「読みが間違っている」ということが、

もう明らかに見えていましたからね。

今、ＥＵというか、ヨーロッパのほうは、みな緊縮《きんしゅく》財政をやっていて、「銀行や国家の財務バランスをきっちりとしなければ、ＥＵのなかに残してやらない」と言って締《し》め付けていますが、あれは、本当に役所的な考え方だと思いますね。今のヨーロッパは、もう内乱状態に近い感じになってきていますけれども、あのやり方では無理なんですよ。

だけど、日本のほうも、なんか、そちらのほうに向かっていこうとしていて、さらに増税でしょう？

加藤　はい。

大川　今日、十一月十六日の解散の時点で、どのマスコミも何も言わないけれども、「今年の夏に増税法案を通したことは、正しかったのか」ということを問うてみたいですね。「あれは正しかったのか」ということですよ。

加藤　はい。問うてみたいですね。

大川　年率でマイナス三・五パーセントの経済減速ですよ。

加藤　先日発表された速報値では、そうなっていましたね。

大川　これでは、増税なんてできるはずがないじゃないですか。

加藤　はい。完全に景気は失速してきています。

大川　早くも「増税効果」が出て、景気が減速してきています。

加藤　心理的な影響《えいきょう》が、すでに出てきていますね。

大川　当会の予言のとおりです。消費税を上げる前に、景気がもう下がり始めているんです。「税金を取られるぐらいなら、景気を悪くする」という方向に動いてき始めているんですね。

国防問題でつまずき、「東大神話」を崩《くず》した鳩山《はとやま》氏

加藤　話は民主党政権の総括《そうかつ》に多少、戻《もど》りますが、民主党政権では、結局、総理大臣が三人出ました。最初の鳩山《はとやま》さんは、やはり、国防問題というか、普天間《ふてんま》基地移設問題でつまずきました。

大川　まあ、ひどかったですねえ。

加藤　徹底的《てってい》に、日米同盟を目茶苦茶《めちゃくちゃ》にしてしまい、取り返しのつかないことをしました。

大川　彼は、二十年以上、政治家をやっているんでしょう？　いやあ、あれは、ちょっとお粗末《そまつ》でしたね。元は自民党の議員でしょう？

加藤　はい。自民党の田中派でスタートしています。

大川　何ですか、あれは、いったい。

加藤　まあ、冒頭の東大神話を崩《くず》した方の一人かもしれません（笑）。

大川　（笑）まあ、工学部出身だから、「政治は知らなかった」と言えば、それまでですが、それでも、政治家の一家なんですからね。

父親は確か外務大臣でしょう？

加藤　はい。威一郎《いいちろう》さんは外務大臣でした。

大川　そうですよね。

加藤　もう、「天下の秀才《しゅうさい》」ということで有名な人でしたが……。

大川　さすがに、ちょっと……。

いや、うちなんかは、ホッとしましたけどね。鳩山家のような、五代続けて東大卒が出ている秀才一家というのは、日本の全国民に対して、けっこうプレッシャーをかけていましたが、「実際は、大したことがない」というのが、あれでよく分かって、ホッとしたところはありますよね。

加藤　そうですね。

大川　この世の中は、お金と学歴が両立しないことになっているんですよ。「お金があって、高学歴がずーっと続く」というのは、世間の法則に反しているので、「鳩山家だけはちょっとおかしい」と思っていたんですけどね。やはり、とうとう、ひどいのが出てきましたね。

加藤　おっしゃるとおりです。

そういった意味では、鳩山首相は、挙げれば切りがないほどの失政の数々でしたが、やはり、「日米同盟を目茶苦茶にした」というのが最も大きかったですね。

「市民運動家を総理にしたら?」という実験だった菅《かん》政権

加藤　そして、次は菅《かん》さんですが、この方も、もう挙げれば切りはないんですけれども……。

大川　この人はひどかったですねえ。「市民運動家を総理にしたらどうなるか」という実験を、アメリカに先立って……、まあ、アメリカもやっていましたか。オバマさんも、似たようなものですからね。

加藤　はい。なかでも、最もひどかったのは、「三・一一」の大震災《だいしんさい》のときの原発事故への対応でした。あの不幸な事故を奇貨《きか》として、自分が本来やりたかった原発廃止《はいし》の方向に、どさくさにまぎれて一気に舵《かじ》を切ったことは、やはり許しがたい罪だと思います。

大川　彼は、若いころから原発廃止をしたかった人ですからね。そういう人が総理のときに大地震が起きるというのは、まことに何とも言えない巡《めぐ》り合わせですよね。

加藤　はい。まったくそのとおりですね。

大川　そして、現実の問題が迫《せま》ってきたときに、処理能力のない人が、専門家のようなふりをして陣頭《じんとう》指揮を執《と》ろうとしたわけですが……。

加藤　なまじ、東工大を出ていましたからね。

大川　本当はよく分かっていなかったため、実際には、被害《ひがい》を大きくしたんですよね。

加藤　はい。明確な原発廃止論者であり、私が東大にいたころも、篠原《しのはら》教授に関係のある勉強会などに、菅さんはよく来ていましたよ。

大川　まあ、その名前は、ちょっと耳に痛いから、まあ……。

加藤　申し訳ございません（笑）。いずれにせよ、若いころから「原発反対」を、はっきりと主張していました。

大川　まあ、感情的に、そのように考える人は多いんでしょうけどね。そういう「心情左翼《さよく》」はね。

加藤　はい。「心情左翼」ですね。

「格差是正《ぜせい》」で景気を潰《つぶ》しているアメリカや日本

大川　おそらく、よいことをしているつもりでいるんでしょうし、その裏には、やはり、宗教的な思想も確かにあるのだろうとは思います。ただ、知識的に欠けているものが、やはりあることはありますよね。

その裏には、何だかんだ言いつつ、やはり、戦後に共産主義が流行《はや》ったときの、「大資本や大企業《だいきぎょう》は悪だ」というような思想が入ってはいるのです。しかし、「小さければ善で、大きければ悪」というようなことはありません。

加藤　やはり、経済成長を憎《にく》む思想が入っています。「経済成長というのは、結局、大企業を儲《もう》けさせて、格差を拡大し、環境《かんきょう》を破壊《はかい》していくものだ」という考えがあるのでしょうね。

大川　その「格差」のところは重要ポイントですよ。アメリカでは、ブッシュ・ジュニアが大統領を八年間務めて、その間、戦争もやりましたが、「経済格差が開いた」と批判されました。「新自由主義の政策をやった結果、金持ちと貧乏人《びんぼうにん》との差がものすごく開いた」と言って、ワアワア騒《さわ》いでいたんです。

そうしたら、あっという間に、オバマさんが格差是正《ぜせい》の方向に動いていきました。日本でも、同じように、格差是正が叫《さけ》ばれ、あっという間に、自分たちで景気を潰《つぶ》していっています。

加藤　おっしゃるとおりです。

大川　何度言っても、これが分からないんですよね。

マニフェストにない「消費税増税」を行った野田《のだ》政権

加藤　それから、三人目の野田《のだ》さんですが、この方にもいろいろ問題はありますが、最大の失政は、やはり、消費税増税でしょう。やるべきことをやらずに、今やってはいけない最たるものの消費税増税を、財務省の神輿《みこし》に乗ってやってしまったわけです。

大川　しかし、民主党は、マニフェストなるものまでつくって配っていましたからねえ。

加藤　増税については、マニフェストでは封印《ふういん》していたわけです。

大川　「四年間は増税しないけれども、それ以降は上げる」と書いてあれば、それは嘘《うそ》ではありませんけどね。

加藤　はい。

大川　自民党も、「将来的には上げる」と、ぼかして言っていたぐらいではありました。

加藤　完全な嘘つきマニフェストです。

大川　全部、反対になるので、もうマニフェストは書かないほうがいいですね。「逆読《ぎゃく》みしてください」と書いておかないといけませんね。

民主党政権は、この三年間、日本の国力を落とし続けた

加藤　そういった意味では、「この三年三カ月の民主党政権は、日本の歴史に残る反面教師の総理の連続だった」と思いますし、「彼らの政策は、日本の国力を落とす方向にひたすら引っ張っていった」と思います。

大川　まずは、鳩山さんで、日本を守る基幹の日米同盟が壊《こわ》れかけました。中国から、日米同盟に楔《くさび》を打ち込《こ》まれて揺《ゆ》さぶられ、「中国と仲良くすることで、アジアが平和になって、うまくいきますよ。みんな仲良くなれますよ。中国人がたくさん日本に来て、買い物をしますよ」という感じで、うまいことやられましたよね。

加藤　はい。やられています。

大川　次の菅さんには、国策である原発推進のところを壊されて、さらに、野田さんには、経済成長のところを、今、完全に壊されようとしているんです。

加藤　はい。

大川　だから、これも、被害は大きいですよ。

加藤　この負の遺産を払拭《ふっしょく》し、軌道《きどう》修正を図《はか》るのが、これからの幸福実現党の大きな使命だと思っています。このあたりを、全力で訴《うった》えていきたいと思っております。

大川　マスコミにも、ちょっと責任があるのではないでしょうか。

加藤　はい。もう、あまりに大きな責任だと思います。

大川　自分たちが過去に言ったことを検証したりする番組は、めったにつくれるものではないですよね。ごく、たまにはありますが、それをやると、結局、誰《だれ》かが責任を取らなければいけなくなりますからね。だから、自分たちのミスや責任を検証するようなことは、基本的にしません。

加藤　まあ、三年前に乗せられた国民も、確かに悪いとは思いますが、「とにかく政権交代さえすれば、アメリカやイギリスと同じような先進国の仲間入りができる」というような雰囲気《ふんいき》がありました。一党による長期政権が続くことには、発展途上《とじょう》国のようなイメージもあったので、とにかく、「政権交代」「チェインジ」ということだけで、マスコミにも、かなり煽《あお》られました。

大川　オバマさんも、さすがに今回は、「チェインジ」と言えませんでしたね。今回は、「フォワード」で、「先に進む」というようなことを言っていたようですけどね。

「空気」を恐《おそ》れず、「原発賛成」を明確に主張する幸福実現党

大川　先日の衆院鹿児島《かごしま》三区の補選（十月二十八日）では、自民党系も民主党系も、原発には反対したんですよね。

加藤　自民党は、ややあいまいで、避《さ》けている感じでした。

大川　共産党は、やはり反原発でしょう？

加藤　はい。共産党は、当然、反対です。

大川　だいたい、どの政党も反対でしたよね。

加藤　明確な賛成は、わが党だけです。

大川　うちだけが賛成したの？

加藤　明確に「賛成」と言いました。

大川　まあ、へそは曲がっているけれども、恐《おそ》れないと言えば恐れないところがありますね。でも、これは、誰かが言わなければいけないことです。この前の沖縄《おきなわ》県知事選のときと一緒《いっしょ》ですね。

加藤　現実には、原発によって地元に雇用《こよう》をかなり生んでいる面もあるわけです。

大川　うん。そうですね。

加藤　それで、九州電力の前で、「原発に断固賛成です！」と言うと、なかから喜んで社員が出てきてくださったりするんです（笑）。

大川　日本には「村八分《はちぶ》」の気風があるので、やはり、言えなくなるんですよ。

加藤　それも多少はあったと思います。

大川　「みんなに従わないと、村八分にされて追い出される」というような感じが、ちょっとあるのかもしれませんね。

加藤　確かに、それはございます。

大川　「空気」には勝てないので、みな、それになびいていくようなところがありますよね。

加藤　はい。

11 「自由」の対極にあるのは「大きな政府」

大きな政府の問題点の一つは「効率の悪さ」

司会　今日の対談のサブタイトルに、「自由の風の吹《ふ》かせ方」とあります。ただいまのお話を振《ふ》り返りましても、幸福実現党が、国防・教育・経済という三本柱において、分かりやすく、しっかりとした政策を掲《かか》げていることは、見る人が見れば分かると思います。

しかし、人によっては、「なぜ、幸福実現党が、『自由』や『繁栄《はんえい》』という概念《がいねん》を訴《うった》えたり、求めたり、広めたりするのか」が分からないかもしれません。そのあたりの価値観は、宗教政党ならではの部分だと思うんですね。

そこで、ユートピア活動推進館の研修局長でもある加藤文康さんと、「自由」をテーマにお話しいただきたいのですが。

大川　結局、「自由」に対置される概念は、意外に、同じような言葉ではなくて、「大きな政府」なんですよ。実は、「大きな政府」に対置される言葉として、「自由」を使っているんです。今、アメリカも「大きな政府」に向かっていますし、EUも、ある意味で「大きな政府」です。

加藤　典型的な「大きな政府」ですね。

大川　典型的な「大きな政府」をつくろうとしています。中国も「大きな政府」ですし、日本の民主党が目指しているのも、やはり、「大きな政府」です。何だかんだと言って、どんどん大企業《だいきぎょう》が潰《つぶ》れ、国有化していく流れになっていきそうな感じですよね。

しかし、「大きな政府」の問題点は、効率が悪いことです。目が届かないのに、自分たちで何でもやりたがるため、結局、無駄《むだ》がたくさん発生して、国民に負担をかけています。国民に自分たちでやれる力があるのに、規制ばかりあって、やりたいのにできない。「このくらい、やらせてちょうだいよ」と言っているものを、やらせない。

これも、「空気」だから、どうしようもありません。

例えば、以前、自民党の麻生太郎《あそうたろう》氏が総理をしていたときに、「児童手当」が麻生氏のところにも送られてきたため、「何で俺《おれ》のところに送ってくるんだ」と言ったそうです（笑）。全国一律に送ったから、そうなったのでしょうが、麻生太郎氏に児童手当を送ってもしかたがありません。はっきり言って、無駄金を使っています。

これが「大きな政府」の正体です。基本的に、「ばらまき」にもっていって、結局、それが選挙対策にもつながっていくわけです。

やはり、実際にお金を使っている人のところにお金があるほうが、知恵《ちえ》が働くので、正しい判断ができます。しかし、実際に仕事をやっていない人がお金を使いすぎると、間違《まちが》いを犯《おか》すことがあるため、非効率なことが起きるんですね。

グーグル等の大企業《だいきぎょう》は全体主義に対する「防波堤《ぼうはてい》」になる

大川　別な言い方をすれば、自由とは、「個々人の能力を引き出す」ということですし、「知恵を使う」「国民を愚民視《ぐみんし》しない」ということでもあるわけです。

中国では、国民を愚民視していますよ。政府当局が情報統制をかけ、「政府や幹部の悪口を言っていないかどうか」、国民を見張っています。〝ネット警察〟が三十万人も張りついていて、三十秒以内には消しに入ってくるわけです。中国のネット人口は五億人ですが、これを全部見張っているんです。

つまり、昔の「収容所群島」のようなものが、今、起きているわけですよ。

加藤　官僚《かんりょう》制や選挙制度の問題もありますので、現代国家は必ずしも中央集権型とは限りませんが、どうしても「大きな政府」になりがちです。

したがって、よほど意図して、「大きな政府」の問題点を指摘《してき》し、「小さな政府」の重要性を訴え続けなければいけないと思うのです。

大川　そうですよね。

ところで、経営学に話が戻《もど》りますが、ナチス台頭のとき、ドラッカーは駆《か》け出しの新聞記者だったんですけど、（司会に）あなたみたいにマイクを持って、ヒトラーにインタビューをしたんですよ。まだ学生だったものの、アルバイトで新聞社に勤《つと》めていて、ヒトラーに実際にインタビューをしたのです。

のちに、『「経済人」の終わり』という本が出ていますが、彼は、ヒトラーにインタビューしたときに、その危険性を十分に見抜《みぬ》いたと言われています。

その後、ヒトラーの全体主義がヨーロッパを覆《おお》いました。

今、ヒトラーの全体主義が、違ったかたちで広がろうとしているのかもしれません。もしかしたら、ＥＵがその方向に向かっている可能性もあるんですよ。一元化しようとしているでしょう？

ただ、各国の価値観は全部違いますし、文化も違います。経済の状況《じょうきょう》だって、政治の状況だって、違って当たり前なんです。それを一つにしようとしたら、絶対に無理が出てきて、全体主義になりますよね。

ドラッカーは、全体主義が、あれだけの戦争を起こし、ナチのユダヤ人迫害《はくがい》を生んだのを見て、「企業《きぎょう》というものを育てて、企業が防波堤《ぼうはてい》にならなければいけない。大企業は、国家に対する十分な防波堤になる。『国家対個人』では、個人に勝ち目はないが、国際的な大企業になると、ある程度、国家の暴走を止める力が出てくる」と考え、戦後、企業のつくり方を一生懸命《いっしょうけんめい》に教えたわけです。

実際に、中国政府と戦ったのは、アメリカ政府じゃないですよ。

加藤　グーグルですね。

大川　グーグルや、フェイスブックのような情報産業の会社たちが、「中国では商売ができない。引き揚《あ》げる」と言って、戦ったわけです。

それで、そうした企業が外されると、中国の国民は、外国に行ったら使えるものが使えないために不満を持つんです。これが反乱の基《もと》になります。

だから、企業は国家とけっこう戦うんです。

加藤　企業的国家の戦いですね。

大川　つまり、企業自体が全体主義の防波堤になるんですよ。ダムのようになるわけです。

加藤　これは、前世紀まではなかった、今世紀の新しい現象の一つでしょうか。

大川　そうですね。

国民に「政府の借金」を背負わせようとする日本政府の罪

大川　〝ビル・ゲイツ帝国《ていこく》〟（マイクロソフト）だって、独占《どくせん》禁止法で分解されかかったり、いろいろと問題を起こしましたが……。

加藤　はい。ずいぶん叩《たた》かれましたね。

大川　ある意味では、〝世界帝国〟の側面を持ってはいるわけです。「あれを使わなかったら、政府も動かない」という面がありましたからね。

今、「アラブの春」と称《しょう》して、エジプトあたりのアラブ諸国で革命が起きていますが、実は、企業のつくっている情報文化が、国家の体制と戦っているわけです。

つまり、企業がつくっている文化が、国家の支配体制と戦っているんですね。

中国も、今、ネットのところでぶつかってきています。

もちろん、人間には、ある程度、我慢《がまん》しなければいけない部分もあるでしょうが、昔あったような、強力な人権弾圧《だんあつ》や、階層差別を固定化するような動きに対しては、やはり、文明開化以降の人類は、基本的に抵抗《ていこう》しなければ駄目だと思うんですよ。

それが、あまりに固定化してくるようだったら問題があると思います。

日本も、「大きな政府」になっていて、「財政赤字だ」と称して、国民につけを回し、借金を背負わせようとしています。みんなで、借金をリュックのように背負って歩いている感じにさせようとしているんです。

加藤　先生がおっしゃるように、これは、政府の借金であって、国民にとっては財産であり、資産です。

大川　そうなんですよ。だから、国民のほうも、だんだん、リュックで借金を背負っているような誤解をしてきて、「自分たちが、何か悪いことをして借金をつくった」という感じになりつつあるんです。

本当は、これに対抗するものが、松下幸之助《まつしたこうのすけ》さんの「無税国家論」や「無借金経営」などの考えだったはずなのですが、そこ（松下政経塾《じゅく》）で教育を受けた人でも、それを実行できなかったわけですよね。

加藤　はい。

12 「福祉《ふくし》への誘惑《ゆうわく》」を捨て、「自助努力の精神」を

加藤　先ほども申し上げましたが、現代国家は、どうしても巨大《きょだい》な「福祉《ふくし》国家」になりがちです。この点については気をつけないといけないと思います。

大川　一見、善なんですよ。「福祉」を掲《かか》げて、それに反対できる人はいないんです。一見、善なんです。

しかし、これだと、誰《だれ》かにつけが回ってくるんですよね。どこからともなく、お金が無限に降ってくるわけではありませんからね。

いい格好はできますよ。ただ、つけは回ってきますから、その部分をどうするかという問題です。

もちろん、年を取ったら、体に自信がなくなるし、頭もボケてくるし、仕事の出来も悪くなってきます。だから、効率や能率、経費削減《さくげん》のことを考えれば、企業《きぎょう》としては、やはり、年を取った人を削減したくなってくるし、いまだに、「六十歳《さい》定年」のところも多いと思います。

でも、現実の寿命《じゅみょう》は、男性も八十歳近いし、女性は八十六歳でしょう?

加藤　まだ、伸《の》びております。

大川　六十歳からあとの、二十年から二十六年の間を、年金で養えるわけがないですよ。理論的に、最初から無理なんです。

昔は、会社を退職したら、五年で死んでくれたんですよ。だから、年金制度はもったんですけど、二十何年間も働いていない人を養うなんて、もう無理です。

加藤　やはり、この国に、いま一度、健全な「自助努力の精神」を取り戻《もど》すとともに、「国が面倒《めんどう》を見るのではなく、個人や家庭単位で、しっかり生活していく自立した健全な社会」をつくっていかなければいけないと、心から思っています。

13　大学教育のイノベーションが必要なとき

アメリカに比べて遅《おく》れている「社会人への再教育」

大川　アメリカなどには、実社会に出てから再教育を受けて、また新しい仕事に就《つ》けるチャンスがかなりありますが、日本は少し遅《おく》れていますよね。

加藤　「一度、社会に出てから、大学院に入る」ということは、あまりないです。

大川　きついですよね。その後、職業に就くにしても、全然、違《ちが》う職に就くという感じにはいかないです。

でも、アメリカのほうでは、かなり、それができていますよね。

加藤　はい。

大川　ところで、司会者が、今、大学院で勉強しているんじゃないの？（会場笑）何を勉強しているんですか。

司会　あ、振《ふ》られるとは思いませんでした（会場笑）。ここは、カットでお願いします（笑）。

早稲田《わせだ》大学大学院の政治学研究科ジャーナリズムコースに通っています。「新聞の再販《さいはん》制度がマスコミ改革の肝《きも》になる」と思いまして、〝研究〞しています。そこにお座りの小林早賢《こばやしそうけん》さん（幸福の科学広報・危機管理担当副理事長）にもアドバイスを頂きました。

大川　ああ、面白《おもしろ》いですね。あなた、こっち（対談者側）に座ったほうがいいんじゃないの？（笑）

司会　いえいえ（笑）（会場笑）。

大川　（笑）ちょっと〝尋問《じんもん》〟しないといけない。そこで、何を教えているのか訊《き》きたいですね。関心があります。

司会　いやあ……。

大川　あまりつついちゃいけないから、やめますね。

日本の大学でも、「実学」を強化して、企業《きぎょう》との「人材交流」を

大川　実際、海外から出戻《でもど》っても、日本ではあまり評価されないし、現実には大学院も機能していません。

加藤　大学院は、実学的な部分が弱いので……。

大川　駄目なんですよね。研究者になる以外には機能しなくなっています。教え方も駄目で、「読めない論文」の書き方の指導ばかりするんです。

加藤　先ほどの東大の話ではありませんが、大学も大学院も、もう少し役に立つ、実学的な学問を強化し、社会人が再び学べるようなところになると、日本はもっと強くなります。

大川　そうなると、素晴《すば》らしいですね。でも、アメリカの一流大学の教授の場合、政府の長官になってから、また元に戻ったり、民間企業《きぎょう》の会長や社長になったりと、けっこう、「産学」の間で行き来ができます。

加藤　ゴールドマン・サックスの会長が平気で財務長官になったりとか、これが普《ふ》通《つう》です。

大川　そうそう。できるでしょう?　実際の経済を知っているので、力があるはずですよ。大学のなかにずっといて、それが分からない人よりも知っているはずですからね。これが日本の大学では、なかなか、そうならないんですよ。一部の大学ではやっていますけどね。

加藤　はい。多少、そういう流れができつつあります。

大川　東大経済学部でも、銀行員を呼んできて教えさせたりしますが、潰《つぶ》れた銀行の人ばかりを呼んで、どうせ、無駄なことを教えているのではないかと推測します。

加藤　失敗も一つの経験かもしれませんが……。

大川　飾《かざ》りでやっているのでしょうが、本当の意味での交流はできていません。以前、本にも書きましたが、東大の経営学の教授が、「いろいろな会社の分析《ぶんせき》はしていても、私は、全然、経営ができませんから」と言って、自分に太鼓判《たいこばん》を押《お》していましたからね。

14　事前の「シミュレーション訓練」が未来を拓《ひら》く

社長の仕事を観察し、「自分ならどう判断するか」を考えていた

加藤　大川総裁は、商社に勤務されていたとき、実際にニューヨークに赴任《ふにん》され、そちらでも勉強をなされていました。

大川　私には、自分の仕事をしながら、ほかの人の仕事を"guess《ゲス》"（推測）する能力がありました。つまり、「課長は何をしているか」「部長は何をしているか」「社長は何をしているか」と、じっと見たり、会社の人事の動き方を見たりして、「どういう方針で動いているか」を読み取っていたんです。そういうところに関心や才能があったんですね。

例えば、人事異動を見るだけで、会社の方針がどのように変わっているのか、全部、分かるような目があったんです。

そういう感じで、勝手に自分で勉強したものがありました。それは、実務訓練を受けたからといって、できるものではないんですけどね。

加藤　なるほど。やはり、ご自身の努力のところが大きかったわけですね。

大川　まあ、そういう面はあるでしょう。

私は、「もっと出世したときに、どういう仕事をしなければならないかを、あらかじめシミュレーションし、準備しておきなさい」と教えていますが、実際、自分でも、そういうシミュレーションをしていたのです。

特に、ニューヨーク本社では、社長の仕事をずっと観察していました。基本的に、お金に絡《から》まない仕事はないので、財務部門にいれば、社長の仕事は、いちおう全部、分かります。社長の決裁も、財経部門のチェックを必ず通るんですよ。絶対にお金は絡んでいますから、仕事が全部分かります。それらをじーっと見ていきながら、「これをどう判断したか」「自分ならどう判断するか」といったことを考えていくわけです。

また、決算書などもつくりますから、決算書をつくるときにコピーを余分に取り、自分なりに読んでいたこともありました。あるとき、上司の財経部長に、それが見つかって、「おまえ、これは決算書だろう？　外部に漏《も》れたら大変なことになるぞ」と叱《しか》られつつも、「ほかの人には見せるな。しっかり勉強しておくんだぞ」と言われました。コピーを取る下っ端《ぱ》仕事のなかには、会社の決算書や社長決裁の書類など、重要なものも入っていますのでね。

加藤　お金の動き、つまり財務を通じて、すべて見えますからね。

大川　そうそう。コピーを取ってファイルするだけでなく、なかを読み、自分用のコピーまで取って読むぐらいの勉強はしないといけません。

実際上、私には、「じゃあ、君、ニューヨーク本社の社長をやってください」と言われても、「ああ、いいですよ」と答えられるところまで準備しておく気持ちはありましたね。

そういうつもりで、いろいろなところで勉強していました。ただ、同じことをやっても、できない人はできないと思います。

これは、いちおう法則なので、ほかの人にも知っておいてほしいですね。つまり、「自分よりも上の段階の人の仕事を見て分析《ぶんせき》する」ということです。

加藤　はい。

今から「第一党」の視点で国政を考える訓練をすべきだ

大川　「自分ならどうするか」ということです。
　自民党や民主党の体《てい》たらくや、恥《は》ずかしいことが、テレビに映ったり、新聞に載《の》ったりしていますが、幸福実現党の役員であれば、「自分が総理ならどうするか」「財務大臣ならどうするか」を考え、自分の問題として見ていくと、五年後、十年後には、それが使えるようになってくるんですよ。

加藤　現在、幸福実現党には議席がありませんが、「近い将来、必ず国政を動かす政党になる」と、私も確信しております。

大川　宗教的な考えも、生かし方次第《しだい》です。「人間は、思いが先だ」と言われていますが、実際に、「自分が大臣になったら、どうするか」「野田《のだ》さんだったら、どうするか」「安倍《あべ》さんなら、どう攻《せ》めるか」「野田さんなら、どう受けるか」「与党《よとう》の幹事長だったら、どうするか」などをシミュレーションにかけるわけです。

加藤　なるほど。自分の問題として考える訓練ですね。

大川　頭のなかでシミュレーション訓練をするんです。

実際、その人は何らかの判断をするはずですから、「自分の読みどおりだったかどうか」を見るわけですね。そして、ずれていた部分については学習していき、「ああ、こういう場合には、このようにすると、こうなるんだなあ」と、そのような勉強が要《い》りますね。

加藤　ありがとうございます。そのあたりも肝《きも》に銘《めい》じて、必ず、国政で大きな役割を果たしてまいります。

大川　「当選者が出てから考えよう」というのでは、すでに後《おく》れを取っていますよ。

加藤　やはり、イメージの力、ビジョンの力もありますね。

大川　ええ。今から、与党になったときの政策を（笑）。

加藤　はい、すでに与党第一党になってもいいような政策集になっています（笑）。

大川　「第一党の政策は出来上がって、印刷もできています。議員はこれからつくります」というような考え方ですね。ただ、「そうなったら、どうするか」という練習をしていたら、実現するのは早いですよ。

加藤　かたちはあとからついてまいりますので。

大川　現実の大臣たちでも、素人《しろうと》のように、役職の上にヒョッと乗っかり、官僚《かんりょう》からレクチャーを受けて、操縦されているわけですが、やはり、勉強の取りかかりが遅《おそ》いと思います。もっと早いうちから、きちっと勉強していれば見破れるのです。財務省だって、国庫を預かるぐらいの予算の判断ですから、本来、そこで働いている人のほうが情報を持っていますし、判断しやすい立場にあるはずです。

加藤　圧倒《あっとう》的な情報量ですから、政治家は敵《かな》わないですね。

大川　しかし、外にいる宗教家の私のほうが、「この判断は合っているか、間違《まちが》っているか」ということが分かりますし、今、為替《かわせ》に介入《かいにゅう》していますが、「この介入は無駄《むだ》だ」というような判断ができるんですよね。

このへんは、一種のシミュレーション訓練だと思います。みな、過去を忘れ、流されていくので、これをきちんとやっていくことが大事です。

加藤　今、教えていただいたことを肝に銘じ、必ず国政で大きな役割を果たす覚悟《かくご》で頑張《がんば》ってまいります。

大川　党研修局長は、「国の大臣も研修する」と思ってやらないといけませんね。

加藤　はい。その気概《きがい》で取り組んでまいります。

大川　ええ。あまり、小さいことを考えていると駄目だと思いますね。

15　外交にも「ディベート能力」が必要

鳩山《はとやま》氏や菅《かん》氏が首相なら「島をあげる」と言っていたかも

加藤　その意味では、今回の民主党は、やはり、準備不足というか、そこまでのイメージもビジョンもないままに政権を取ってしまったように感じられます。特に野田《のだ》さんなどは、財務官僚《かんりょう》に操縦されているだけに見えます。

大川　まあ、野田さんを一点だけほめるとするならば、竹島《たけしま》・尖閣《せんかく》問題で踏《ふ》みとどまったところでしょうか。これは、ほめてあげます。前の二人だったら、危なかったですね。

加藤　確かにもっと弱腰《よわごし》で、腰抜《こしぬ》けの対応でしたから。

大川　鳩山《はとやま》氏や菅《かん》氏が総理だったときに竹島・尖閣問題が起きていたら、どうなっていたでしょうか。もしかしたら、島をあげてしまったかもしれません。総理が、「いいですよ。どうぞ、持っていってください。人が住んでいないし、仲良くしたいから、あげちゃいます！」と言ったら、もう終わりですからね。

野田さんは、そこを踏みとどまったわけですが、この点だけは偉《えら》いと思います。ただ、その先がないところが残念ですね。

有事になれば、中国にいる日本人は人質《ひとじち》に取られる

加藤　尖閣の話に戻《もど》りますが、現地でいろいろな方の話も聞いたところ、「今の自衛隊は装備も立派で、高度な訓練も受けているため、もし中国と衝突《しょうとつ》した場合でも、緒戦《しょせん》は自衛隊のほうが優勢だろう」とおっしゃる方が多くいました。

ただ、その結果、何が起きるかというと、中国大陸にいる数多くの日本人が、実質的に人質《ひとじち》になっており、いろいろな口実で逮捕《たいほ》されると思います。また、日系企《き》業《ぎょう》も接収されるおそれがあります。

大川　そうそう。それなんですよ。中国政府は絶対それをやるでしょう。ですから、アメリカも、中国を攻撃《こうげき》できないのです。もし、そういう事態になった場合、オバマ氏は時間稼《かせ》ぎを一生懸命《いっしょうけんめい》やると思いますが、中国には、アメリカ人のビジネスマンが七万人もいるため、その家族も含《ふく》めて撤収《てっしゅう》をかけないかぎり、攻撃できないわけです。

加藤　逃《に》げられないように、中国は巧《たく》みにやってきますからね。

大川　そうなんですよ。それをやられるのです。

例えば、米軍は、日本を助けるために、尖閣諸島あたりで、向こうの軍艦《ぐんかん》を沈《しず》めてもいいのですが、そのおかげで、中国にいるアメリカ人のビジネスマンやその家族が逮捕されたら、これを取り戻すのは大変ですよ。

加藤　大変です。そのとき、日本も耐《た》えられるかというと、やはり、耐えられないのではないでしょうか。

現地の日本人が、続々と逮捕されたり死刑《しけい》になったりしたら、「そんなことをされるぐらいなら、島の一つぐらいあげてしまいましょうよ」という声が必ず出てくると思います。

大川　今の日本人だったら、そうしそうな気がしますね。

尖閣諸島の周辺には海底資源があると言われていますが、実際に掘《ほ》ってみないことには、出るかどうかは分かりません。

費用もかかりますからね。ですから、ごまかそうとするのであれば、「実は資源はなかった。あれは学者の間違《まちが》いだった」とか、「調査費用だけで何千億円もかかる可能性があるので、見送ることにする」とか、そういうことにすればいいわけです。

そして、「これから平和な道を歩むために、友好の印として、島をあげよう」という感じで、やってしまうかもしれません。

加藤　そうなりそうな気配がします。

大川　マスコミの弱腰姿勢から見ると、朝日新聞なんかは、率先《そっせん》して、そういう社説を書いて、第一面に持ってきそうです。もう、すでに、それに近いようなことを書いていますからね。

加藤　しかし、それが、「日本の終わりの始まり」になる危機感を強く感じます。

大川　そうですね。

「われわれは被害者《ひがいしゃ》だ」という中国の思考回路を打ち破れ

大川　先日（十一月六日）、ラオスで開かれた首脳会議で、野田さんが中国の外相と激論しましたが、向こうの外相には、「本当に、どんな思考回路をしているのか」と思うぐらい、〝感心〟するようなところがありましたよ。

加藤　はい。もう、「ああ言えば、こう言う」でございますから。

大川　いやあ、すごいですね。あれは、オウム教とほとんど変わらないですよ。思考回路は一緒《いっしょ》です。

オウム教は、自分たちが、人を連れ去って殺したり、サリンを撒《ま》いたりしておきながら、「われわれは被害者《ひがいしゃ》です。米軍が毒ガス攻撃をしているのです」と言っていたんですよ。あの思考回路に、実によく似ています。

加藤　なるほど。

大川　「われわれは被害者だ」という思考回路や言論術は、中国だけでなく、朝鮮《ちょうせん》半島の国々にも少しありますが、これを破らないといけませんね。

加藤　もっとディベート能力を上げていかないと、外交において、とても勝てません。

大川　ええ。これでは駄目《だめ》です。やはり訓練が必要ですね。

例えば、オウムの上祐《じょうゆう》にしても、実際はディベート術を勉強していたことが分かっています。そのことを知らなかったので、当時のマスコミ陣《じん》はやられたのです。「なぜ、こんなにディベートがうまいのだろう」と思っていたら、実は訓練していたわけです。

16 「習近平《しゅうきんぺい》の怖《こわ》さ」を知らない日本のマスコミ

加藤　外交当事者や政治家のディベート能力も大事ですが、あとは、やはり、日本の国全体に、「自分の国は自分で守る。どんなことがあっても領土は守り抜《ぬ》く」という意識を強めていかないことには、取り返しのつかない危機が近づいてくる感じがしてなりません。

大川　やはり、政治家の視野が狭《せま》いですよね。野田《のだ》さんにしても、安倍《あべ》さんにしても、「とりあえず対決して、次の選挙で、どのくらい議席が取れるか。どこと組めば、どうなるか」というぐらいの、ほんの目先のことまでしか読んでいません。もっと長い目から見た「国の設計」ができていないのです。

それに対して、「中国の指導者が十年間やれる」というのは大きいですよ。

加藤　内部抗争《こうそう》があるにしても、十年間、政権を持てるのはやはり大きいと思います。

大川　その意味で、中国はなかなか強いですよ。これは、確かに、社会主義的な計画経済には非常に合っているのでしょう。

加藤　今回、習近平《しゅうきんぺい》氏は、中国共産党政治局常務委員のほとんどを太子党《たいしとう》系と江沢《こうたく》民《みん》系で固めてしまいました。なかなか強く、したたかです。

大川　胡錦濤《こきんとう》氏は、党中央軍事委員会の主席として残り、〝院政〟を敷《し》くつもりだったようですが、あっという間に外されてしまいました。あのすごさは、やはり……。

加藤　はい。あの力技《ちからわざ》にはすごいものを感じました。

大川　いろいろな新聞の見出しを見ると、習近平氏のことを、弱体化した〝皇帝《こうてい》〟のような感じで書いているものが多いので、日本のマスコミは、まだ彼の怖《こわ》さを分かっていないようです。

加藤　「政治局常務委員の下の政治局員には、胡錦濤派が多い」と言っても、このあとのまず五年間でどうなるかは分かりません。私としては、「習近平の時代がついに始まったな」という印象を受けました。

大川　いやあ、彼はけっこう怖いですよ。三年前、国家副主席のとき、天皇陛下との対談をごり押《お》ししてきましたが、あれに性格が出ていると見たほうがいいですね。

つまり、ある意味での強引《ごういん》さと、「自分が手に入れたいと思うものは逃《に》がさない」という強欲《ごうよく》さを持っているわけです。

それに、彼の奥《おく》さんは、日本でいう紅白歌合戦のような舞台《ぶたい》で、とりを飾《かざ》るような歌手です。まあ、強奪《ごうだつ》したのか、惚《ほ》れ合ったのかは知りませんが、そういう人を取ってくるあたりの計算高さから考えて、これは、もう、「煩悩《ぼんのう》を完璧《かんぺき》に仕上げたような男」と見て、ほぼ間違《まちが》いないですね。

加藤　尖閣《せんかく》諸島あたりを一気に取れば、民衆は拍手喝采《はくしゅかっさい》で、権力基盤《きばん》も確立できるでしょうから、習近平体制になった今、本当に危ないと思います。

大川　問題は、「尖閣諸島が軍事的にパッと押さえられてしまった場合、日本は本当に反撃《はんげき》できるかどうか」ですよ。今のままだと、「アメリカの判断を仰《あお》ぎます」という感じになりかねないですね。

17　これからの四年間は「日本にとっての試練」

安倍晋三《あべしんぞう》氏は、修羅場《しゅらば》に際して本当に戦えるのか

加藤　第一関門は、「自衛隊法による防衛出動を首相ができるかどうか」だと思います。ただ、仮に出動できて、緒戦《しょせん》は有利に進んだとしても、中国本土で日本人が大勢捕《つか》まったり、日本近海でミサイルの一発でも撃《う》たれたりしたら、一気に、「島の一つぐらい、あげちゃいましょうよ」という空気に必ずなります。

大川　「自民党の安倍《あべ》さんが、次の総理になるだろう」と言われていますが、私には、「安倍さんは本当に戦えるのだろうか」という気持ちも少しだけあります。いちおうタカ派風に見せていますが、本当に強いかは分かりません。彼は、政治

家の家系に生まれ、御曹司《おんぞうし》として育った人ですが、「そういう人が、本当の修羅場《しゅらば》に当たったときに、やれるのか」ということです。

加藤　一九四五年の敗戦以降、日本の指導者の誰《だれ》もが経験したことのない事態になります。

大川　そうです。「それをやれますか」ということですね。

要するに、尖閣《せんかく》だけの戦いでは済まなくなり、中国本土にいる日本人の安全が、全部、かかってくるんです。邦人《ほうじん》が全員死刑《しけい》にされる覚悟《かくご》でやらなければ、ミサイルの一つも撃ち込《こ》めませんよ。

「中国に住んでいる日本人を全員ひっ捕《と》らえて死刑にし、吊《つ》るした映像を流しても構いませんか」ということが問われたときに、機関銃《きかんじゅう》であろうが、大砲《たいほう》であろうが、ミサイルであろうが、本当に撃てるでしょうか。「国家の主権よりも、人権のほうを優先します」と言うかもしれません。

加藤　政治家としては実に厳しい判断です。それは厳しい判断です。

大川　厳しい判断ですよ。かつて福田赳夫《ふくだたけお》元総理は、「一人の生命は地球より重い」と言いましたが（一九七七年のダッカ日航機ハイジャック事件）、それでは困ります。地球よりも重かったら、大変なことになりますよ。人類はいくらでも創れますが、地球はそんな簡単には創れないのです。比喩《ひゆ》としてであっても、少し度が過ぎていますね。

まあ、でも、向こうとしては、捕まえる日本人は、象徴《しょうちょう》的な人でいいんですよ。例えば、「中国と仲良くしなければいけない」と言っているユニクロの柳井《やない》社長をとっ捕まえて、クレーン車でぶら下げ、絞首刑《こうしゅけい》にするシーンを世界に流せば、これ一つで、日本政府は右往左往《うおうさおう》し、自衛隊は、もう、反撃《はんげき》できなくなるでしょう。

そのときは、アメリカに振《ふ》るでしょうね。アメリカのオバマさんのところへ飛んでいって、絶対、緊急《きんきゅう》対談をしますよ。そこで、オバマさんは何と言うでしょうか。やはり、そこまで想像しなければいけません。

加藤　その意味で、今回のアメリカ大統領選挙の結果は、日本にとっては厳しいものだったのでしょうか。

大川　結局、「試練を与《あた》えてくれた」ということだと思います。この四年間は、日本にとっても試練ですが、幸福実現党、幸福の科学にとっても試練になるでしょう。

四年たてば、アメリカがどうなるかも見えてくるでしょうが、中国も、さすがに習近平氏の姿がかなり見えてくると思います。彼は手が早いので、四年間で、考え方の筋がそうとう見えてくるに違《ちが》いありません。

「人材養成ができず、次の総理候補がいない」という日本の問題点

大川　一方、日本では、誰が次の総理になるかが分からないような状態がずっと続いています。昔の自民党体制は、ある意味で、一党独裁体制だったのかもしれませんが、次の総理を養成する機関を持っていたんですよ。いわゆる派閥《はばつ》というものですね。

マスコミは、派閥解消ということで、さんざん叩《たた》きましたが、派閥には、「それぞれのプリンスを育て、次の総理候補を交替《こうたい》に出していく」という機能が十分にあったのです。

加藤　確かに、田中派、福田派、大平《おおひら》派などの派閥が全盛だったころのかつての自民党には、今と違った強さがあったし、いい意味で、活性化していました。

大川　そうそう。人材の養成ができたのです。ところが、今のように、「第三極だ。何だ」と言って、面白《おもしろ》いものにすぐ飛びつくようなことばかりしていると、いつまでたっても、人材が育ってこない可能性があります。私は、「それがとても怖《こわ》いな」と思っているわけです。

加藤　確かに、「表面的な一発受けが多くなり、いろいろなキャリアを積みながら、政治家として着実に成長していく」というシステムが失われてきています。

大川　まあ、最終防衛ラインとしては、宗教のほうから、「こうすべきだ」という考え方を発信し、向かうべき方向を示しておきたいと私は考えています。方向さえ示しておけば、もたついたとしても、だんだんに進んでいくので、ここだけは何とかしたいですね。

加藤　いや、でも、そこまで行かないように、全力で戦ってまいります。

大川　各省庁の官僚《かんりょう》たちは、もうすでに、政治家の言うことはきかないで、うちの意見を見て、動き始めていますからね。

加藤　まあ、確かに（笑）。

大川　ですから、政治家が全然当てにならなければ、うちの意見を見ればいいのです。私の本を読んで、それぞれの省庁が判断していけば、それで、日本の政治は動きます。

加藤　しかし、本来あるべき政治家のリーダーシップがないのは寂《さび》しいのですが……。

大川　そうなった場合には、〝小さな国会〟になっていいかもしれません（笑）。国会議員がリストラされるかもしれませんが、実際、今は、その方向に向かっていますからね。そもそも、「自分たちにリストラをかける」というのは、「今の国会には生産性がないことを、自分たちで認めた」ということですよ。

また、今の二大政党制にしても、いつの間にか、そうされてしまいましたよね。

加藤　はい。小選挙区制というのは、いい悪いは別として、そもそも、二大政党を前提としたものです。

大川　そうそう。小選挙区制は、最初、鳩山一郎《はとやまいちろう》元総理が考えたものであり、「ハトマンダー」と言われていましたが、それを、小沢一郎《おざわいちろう》氏が実現したのです。そうして、彼は、二大政党制にもっていったわけですが、結局、自分自身が絞《し》め殺される結果になろうとしています。

加藤　今や、二大政党制は崩壊《ほうかい》し、政党要件を満たしている政党だけで、十四ぐらいあるそうです。そういう記事が新聞に載《の》っていました。

大川　どうなるのでしょうか。国会議員の定員を削《けず》れば、こういうのは、だいぶ消せるのでしょうかね。

加藤　「政治のメルトダウン」とでも言いますか、末期症状《しょうじょう》のような感じがいたします。

18　本当に「幸福実現革命」を起こしたい

幸福実現党が「宗教政党」を前面に掲《かか》げる理由とは

大川　宗教政党としての幸福実現党を差別するのも構いませんが、少なくとも、創《そう》価学会《かがっかい》が百パーセント持っている「公明党」という政党もあるのです。

だから、「宗教的な意見を反映してもいい」というならば、宗教政党も二大政党にしてほしいところですね。やはり、違《ちが》う意見も出さないと、「日本を代表している」とは言えませんよね。

加藤　「宗教政党」ということで思い出しますのは、実はここだけの話ですが……、いや、「ここだけ」というほどの話でもないんですけれども（笑）、三年前、私が幸福実現党から初めて立候補したときのことを白状させていただきます。
実は、立党当初、「宗教政党よりも、やや宗教色を薄《うす》めて、健全な国民政党や保守政党としての色彩《しきさい》を前面に出したほうが、当面の票は取れるのではないか」と、ふと思ったこともあったんです。

大川　まあ、日本の〝常識〟から見たら、それはそうでしょうね。

加藤　ただ、あれから三年たちましたが、その間の歩みを振《ふ》り返ってみて、改めて、「この国の国難を救うのは、やはり、神仏《しんぶつ》を敬《うやま》う国づくりなのだ」と、宗教政党の重要さが腑《ふ》に落ちました。
国難を救うためには、もちろん、地上の人間の努力も必要ですが、それだけではもはや非常に厳しい状況《じょうきょう》に来ているため、大いなる天上界《てんじょうかい》のご加護《かご》を賜れる宗教政党が必要だと思うんです。

大川　「大阪維新《おおさかいしん》の会」だとか「日本維新の会」だとか、よそのことは結構ですけれども、今、わが政党は、「幸福実現革命」をしようとしています。だからこそ大変なのです。それは、戦後の「宗教即《そく》悪」と捉《とら》える風潮との戦いです。

戦後の教育界から政界、マスコミ界、すべてに広まる「宗教＝悪」というイメージを変えるために、あえて、「宗教政党」を看板に掲《かか》げて戦っているわけです。

加藤　その意味では、大きなハンディキャップを背負っているわけですね。

大川　それを全部引っ繰《く》り返すのは大変なことですから、普通《ふつう》であれば、その大きなハンディを背負っていることは隠《かく》して戦うものです。

創価学会にしても、町長や区長、市議と、地方自治体の下のほうから取っていき、だんだん上がっていくやり方をしていましたが、幸福実現党の場合、いきなり上から攻《せ》めていったわけです。これは「革命」ですよ。

日本の〝精神棒〟を入れ替《か》えるための革命運動を起こそう

大川　幸福の科学は、すでに「宗教革命」を起こしつつあるわけですが、さらに今、学校を創立し、「教育革命」も起こそうとしています。また、政党を立党し、「政治革命」を起こそうとしています。これが成就《じょうじゅ》したら、本当の意味での「革命」なんですよ。

これは、日本の国体としての〝精神棒〟を入れ替《か》えることでもあります。すなわち、マッカーサーによって抜《ぬ》かれ、偽物《にせもの》が差し込《こ》まれていた日本の〝精神棒〟を、今、すべて入れ替えようとしているわけです。

加藤　精神棒を根本的に入れ替える革命ですね。その上で、さらに、未来志向のものをつくっていくところまで戦っていきます。

大川　そうそう。それをしようとしているのです。「これは一種の革命なんだ」と思わないといけないでしょうね。

幸福実現党の戦いは、「革命」ですから、たとえ、落選が相次《あいつ》いだとしても、「斬《き》り死にしてもやむなし」という面があるのです。そのように、怖《こわ》いところはありますけどね。

加藤　はい。

映画「アルゴ」に見る、命を賭《と》して「革命」を貫《つらぬ》く人々の迫力《はくりょく》

大川　今、「アルゴ」という映画が公開されていますが、これは、イランのアメリカ大使館が占拠《せんきょ》されたときの話なんですよ。

加藤　その事件があったのは一九七九年のことですから、カーター政権のときですね。

大川　そうそう。これは、「アメリカ大使館が過激派の群集に占拠され、館内数十人のアメリカ人が人質《ひとじち》として監禁《かんきん》される直前に、六人の外交官がカナダ大使館の大使私邸《してい》に逃《に》げ込んだ」という実話を映画化したものです。そして、その六人をイラン国外へ脱出《だっしゅつ》させるために、ＣＩＡが「カナダ人によるハリウッド映画」というニセ企画《きかく》をつくり、彼らを映画製作班に見せかける作戦がとられたんですね。

当時のイランでは、ちょうどホメイニが亡命《ぼうめい》先から帰ってきて、「ホメイニ革命」が起きた直後の時期だったのですが、元国王をアメリカが受け入れたことに反発したイランは、「国民三千五百万人、全員死ぬ覚悟《かくご》でアメリカと戦う！」と宣言し、四百四十四日間、アメリカ大使館を占拠したわけです。

「全員死ぬ覚悟で戦う！」という、この恐《おそ》ろしさは……。

加藤　うーん。逆の立場になりますと、これは怖いですね。

大川　これを見たオバマ大統領は、「今、そんな簡単にイラン攻撃《こうげき》はできない」と思ったようです。アメリカ人を皆殺《みなごろ》しにするために、国民の最後の一人が死ぬまで戦われたら、たまりませんね。「これはすごいな」と思いましたけれども、ある意味で、革命には、そういう恐ろしさがあるのかもしれません。

加藤　そうですね。はい。

大川　今、幸福実現党も三回戦目に入ろうとしています。マスコミも、「また、さんざん笑ってやろう」と思って、手ぐすね引いて待っているのでしょうが、そのうち、彼らの笑う顔が引きつってくる時期が来ると思いますよ。

私たちは、「〝四十七士《しじゅうしちし》〟は、ただでは切腹しませんぜ。敵の首をあげないと、切腹はしません」というところを見せないといけないと思いますね。

加藤　はい。

19　不惜身命《ふしゃくしんみょう》で戦い、「自由の風」を吹《ふ》かせよう！

いまだ〝中国極東省〟になる危険を想像できない多くの日本人

加藤　本日は、「自由の風の吹《ふ》かせ方」というタイトルを頂いていたのに、堅《かた》い対談になってしまい、申し訳ありません。

大川　いやあ、「自由の風」を吹かせなければいけませんね。

加藤　はい。今月の「幸福実現News《ニュース》」のコラムにも書かせていただいたんですけれども、宗教においては、「さまざまな挫折《ざせつ》を通じて、初めて謙虚《けんきょ》になり、神と出会う」といったことは日常茶飯事《さはんじ》でございます。私もそうしたケースを見てまいりました。しかし、実は、それと同様のことが、今、国家・国民レベルで起きようとしているのではないかと感じるんですね。

大川　うんうん。

加藤　今、日本は、国家として完全に行き詰《づ》まりつつあります。これで、もし、中国の覇権《はけん》下にでも入ることになるとすれば、これは本当に大きな挫折になります。

大川　それは大変ですよ。

加藤　やはり、「今、日本国民全体に、反省のときが近づいてきている」と思うんですね。

大川　本当に、みな、想像力がないのだろうと思います。「尖閣《せんかく》を取られるかもしれない」というぐらいのことは想像がつくんでしょうけれど……。

加藤　それが、「終わりの始まり」なのですからね。

大川　「もし、日本が覇権国家の〝極東省〟にされたらどうなるか」という映画をつくりましたが（二〇一二年公開の映画「ファイナル・ジャッジメント」および「神秘の法」）、映画を観《み》ても、まだ想像ができないのではないでしょうか。

加藤　フィクションだと思っているかもしれません。

大川　「あれは、あくまでフィクションだ」と思っているでしょうからね。「本当に国を取られたらどうなるのか」ということを考えたためしがないわけです。

迫害《はくがい》を恐《おそ》れず一人で辻説法《つじせっぽう》を始めた日蓮《にちれん》の「不惜身命《ふしゃくしんみょう》」の気概《きがい》

加藤　ただ、そうした未曾有《みぞう》の危機のなか、「やはり、自分たちは、根本的に間違っていたのではないか」と気づき、日本人全体が大いなるものに対して謙虚に心を開くべきときが、これからの五年、十年なのではないかと思います。

先日の日蓮聖人《にちれんしょうにん》の霊言《れいげん》（『日蓮が語る現代の「立正安国論《りっしょうあんこくろん》」』〔幸福の科学出版刊〕参照）でも、「これからの十年間に、小説にも書けないようなドラマティックな展開があるだろう」という趣旨《しゅし》のお話がございましたが、「確かに、何か信じられない展開があるのではないか」と感じています。

大川　でも、私たちはできると思いますよ。日蓮も、最初は、鎌倉《かまくら》において一人で辻説法《つじせっぽう》をし、幕府に諫言《かんげん》したのでしょう？

辻説法は、今で言う選挙演説のようなもので、一人で演説するところから始まっているわけです。弟子《でし》の数も多くはなく、日蓮の晩年でも、直弟子《じきでし》が数十人、在家《ざいけ》信者を入れても数百人でした。これが日蓮宗の始まりなのです。

しかし、今では、「信者数〇百万人」と言っている日蓮宗系の団体が幾《いく》つもあるような、国家を揺《ゆ》り動かす、政治色の強い宗教になっているわけです。これも、一人の努力から始まったものですので、迫害《はくがい》を恐《おそ》れずに当たっていけば、必ず変えていけるはずです。

宗教家には、石つぶてを投げられて、初めて本物になるところがあると思います。だから、恐れてはなりません。宗教家が身命《しんみょう》を惜《お》しんだら、何も変えられないと思いますね。

それは、自分にとっては、不自由なことかもしれません。捕縛《ほばく》されたり、刑務所《けいむしょ》に入れられたり、どこかの島に流されたり、首を切られそうになったりすることは、自分にとっては非常に不自由なことでしょうが、その不惜身命《ふしゃくしんみょう》の生き方こそが、国民を自由にするための革命なんですよ。そのように、多くの国民を守るために行っているとは、人々に知られなくてもよいのです。

ただ、もし、二〇五〇年までに、日本が中国の極東省になるのであれば、大変なことです。そうなってから引っ繰《く》り返すのは、簡単なことではありません。

やはり、そこから逆算して考えたときに、「今、どうするか」と言えば、もう、戦うしかないんですよ。今から思想的に戦いを仕掛《しか》けていくしかありません。

立党から三年半で着実に進化している幸福実現党

加藤　「三年前の総選挙のときに、少しでも議席が取れていたら……」とは思うのですが、それは過ぎた話です。おそらく、今回の戦いが、本当に、日本にとっても、また、わが党にとっても、「ファイナル・ジャッジメント（最後の審判《しんぱん》）」であると思います。
今の大川総裁のお言葉を肝《きも》に銘《めい》じて戦いたいと思います。

大川　最初は、本当に烏合《うごう》の衆《しゅう》であり、素人《しろうと》であったので、「いったい何をすればいいのだろうか」という感じで、ウロウロしているような状態でした。

しかし、三年半がたち、まだプロには見えない面があるにしても、セミプロ化しつつはあります。自分たちだけでいろいろなものができるようになってきましたし、各人が情報発信をし、意見を言えるようになってきましたので、進化はしていると思いますね。

加藤　また、幸福実現党が活動を続けていることに対する世間《せけん》の見方も、確実に変わってきていると思います。「それが〝化学変化〟を起こすときは近い」と、私は確信しています。

大川　松下幸之助《まつしたこうのすけ》さんは八十代半ばになって、松下政経塾《じゅく》をつくり、第一期生の野《の》田《だ》さんも、八十五歳《さい》の老人を見て「卒塾まで生きてくれるのか」と心配したぐらいです。そして、十年間は、三代目議員が一人当選しただけでした。それに、八十代半ばで始めたような人が耐《た》えられたわけですから、われわれも、もう少し耐える力を持っていなくてはならないと思いますね。

私は、「幸福の科学の宗教本体が揺るがずに前進していれば、政治活動において、いったん波が引くように見えるときがあったとしても、何度でも押《お》し返していける」と思っているんですよ。

宗教本体は、今、国内でも海外でも大きくなっていますので、この流れでいけば、今は難しく感じることが、やがて、もっと簡単にできるようになるでしょう。

政治活動は、宗教としての「本気の伝道」を促《うなが》す機会でもある

大川　普通《ふつう》、宗教は政党をつくることを嫌《いや》がります。特定の政治家を応援《おうえん》したりはしますけれども、政党をつくると、得票数が出ますからね。

加藤　はい、教団の実態が分かってしまいます。

大川　「教団の実態はどのくらいか」ということが分かってしまいますから、絶対につくりたくはないんですよ。どこの団体も、公称《こうしょう》信者数はそうとう水増しされていますからね。少しでも縁《えん》のある人は信者と見なして、ものすごく大きく見せていますから、政党をつくって、信者の実数が見えてしまうことを嫌がるのです。そして、実際に、選挙を戦ってみると負けるわけですね。

当会においても、登録されている会員数から見れば、もう少しいってもよいと思うのですが、そこまでいかないことが多く、悔《くや》しい思いをしています。

しかし、これによって、教団としても鍛《きた》えられているのです。

「『本物の伝道』をしなくては駄目《だめ》なのだ。本当の信者をつくらないと、戦力にはならないのだ。家族や友達に頼《たの》んで入ってもらった『名前だけの信者』を、いくら増やしたところで、実際の戦力にはならないのだ」ということが分かれば、伝道も本物になってきます。

したがって、宗教としては、「皮を斬《き》らせて肉を斬り、肉を斬らせて骨を断《た》つ」という覚悟《かくご》で、政治活動を行っているわけですよ。その結果は、宗教本体のほうにすべて返ってきますのでね。

加藤　そうですね。「宗教本体にご迷惑《めいわく》をおかけしない」というよりも、「宗教本体にも貢献《こうけん》できる幸福実現党」を目指してまいります。

大川　実は、あなたがたが負け続けることで、本体が発展しているんですよ（会場笑）。実際はそうなんです。負け続けることで、支部長以下、みな、悔しい思いをしているわけですよ。

加藤　はい。

大川　非常に悔しい思いをしているから、「本当は、もっともっと活動会員を増やさないと、政治では勝てない」ということが分かるわけですよ。

伝道の成果をごまかして報告することはできるでしょう。入信者数を膨《ふく》らませて報告することは、どこの宗教でもやっていますよ。しかし、選挙を行えば、票が入るかどうかが分かってしまうため、ごまかしようがないのです。全部、自分に返ってくるので、本気で活動せざるをえなくなるわけです。

宗教が政治活動を行う最大のメリットは、実は、ここにあるのかもしれません。「本物の信者が増える」ということが最大のメリットだと思いますね。

加藤　ともかく、私ども幸福実現党が議席を持ち、国政に大きな力を発揮することにより、決して一義的な目標ではありませんけれども、「宗教本体の信用も高まり、結果として、より大きな貢献もできる」と思っています。

「幸福革命」の成就《じょうじゅ》まで「もう少し」の段階に来ている

大川　これは、「革命」としては、最後の戦いなのです。学校法人として、幸福の科学学園や幸福の科学大学をつくろうとしていますが、これができてしまえば、宗教としては、ある程度、固まり、もはや「カルト」とは言えなくなるところまで来るのです。

あとは、政党によって、実際に、政治活動を通して国民生活に影響《えいきょう》を与《あた》えるような立場に立てば、ある意味で、宗教としては「不退転《ふたいてん》」の状態に入るのです。

加藤　国内における、一つの完成形になりますね。

大川　ええ。これで、「革命」として成就《じょうじゅ》するんですよ。

加藤　はい。成就ですね。第一段階の成就になると思います。

大川　これは、「新しい宗教が、エスタブリッシュメント（社会的な権威《けんい》を確立した組織）になるかどうか」の戦いなのです。でも、意外に、近いところまで来ているような気がしますね。

当会は、多くのマスコミから無視されるか、週刊誌等に悪口を書かれるぐらいしかないので、内部的には面白《おもしろ》くないでしょう。

しかし、外国からは、「日本で、いろいろな活動や大講演会を行い、数多くの本を出しているところを見ると、ものすごく認められた宗教だ」というように見られています。それは、海外伝道をしてみたら、よく分かるんですよ。「それだけ日本で認められているというのなら、そうとうなものだな」と感じているのが分かるのです。

ですから、「もう少し」のところまで来ている可能性はありますね。

加藤　はい。今回、頂きましたお言葉を胸に刻みながら、全力で突撃《とつげき》してまいります。

大川　そうですね。「自由の風」というテーマに答えられたかどうかは分かりませんけど。

幸福実現党は「未来に対する大戦略」を持っている

司会　本日は、「幸福実現革命―自由の風の吹《ふ》かせ方―」というテーマでの対談を頂きました。「宗教的価値観がバックボーンにあることで生まれてくる発想」や、「現在の規制などに対し、具体的に、どのような自由な考え方が大切なのか」ということなど、さまざまなアプローチからお話を頂きました。多くのみなさまに、理解しやすいお話だったと思います。

「今は、国難であり、危機ではあるが、宗教的には、それは『試練』でもある」というような大川総裁の言葉もありました。「どんな試練にも、『常勝思考《じょうしょうしこう》』を持って、宗教的価値観でチャレンジしていく」という希望の光を見せていただいたように思います。

大川　未来のことについては、十分に言わなかったかもしれませんが、政党として、未来に対する大きな戦略も持っています。戦争のようなことばかりを考えているわけではありません。これ（「幸福実現Ｎｅｗｓ」）にも書いてあるように、二百兆円を投資して、日本の大改造計画を、十年以内に行いますよ。

加藤　はい。そのくらいのことは、政権に入れば、やろうと思えばできますので。

大川　これは、中国の大発展への対抗《たいこう》ですよね。

加藤　はい。

大川　ただ、この政策案は、すでに他党にパクられかかっているので、危《あぶ》のうございます（会場笑）。ほかの政党に使われてしまう可能性があるので、残念ですね。特許のように登録できないので、なかなか厳しいものはありますね。

「票にならない大事なこと」から逃《に》げず、正面から問う

司会　幸福実現党は、しっかりとした「未来ビジョン」を見せてくれる政党であり、バックボーンには、揺るがない精神、そして、その奥《おく》には宗教的信仰《しんこう》があります。宗教と政治の一体化を担《にな》う、幸福実現党の研修局長・加藤文康さんならではの対談であったと思います。このあたりで終了《しゅうりょう》とさせていただきたいと思います。

大川　まあ、頑張《がんば》ろうじゃありませんか。

加藤　頑張ってまいります。

大川　まだまだ、当会は、そんな簡単には、くたばりませんよ。

加藤　はい。あきらめずに頑張り抜《ぬ》いてまいります。

大川　ええ。人材なんか、雲霞《うんか》のごとく、次から次へと出てきますからね。

加藤　本当に、若い人にも優秀《ゆうしゅう》な方が大勢おられますので。

大川　ええ。二十代で、「自分がやりたい」と思っている人がいくらでもいます。

「先輩《せんぱい》たちなど、早く落ちて引退してくれると、ありがたいな」と思っている人が、大勢いますから、「雲霞のごとし」ですよ。

加藤　もう、あとを心配することなく突撃していきます（笑）。

大川　全然心配ありません。彼らに頑張ってもらって、あとは、年金の心配だけしていればいいでしょう（会場笑）。いや、これは冗談《じょうだん》ですけど（笑）。

とにかく、当会は、やはり、頑固なのかもしれません。ほかの政党は、「票にならない」と思えば、みな、逃《に》げますからね。しかし、その卑怯《ひきょう》なところを、国民は感じていますよ。

だから、当会は逃げません。逃げずに、大事なことを問います。そして、正面から球を投げますが、〝ストライク〟と分かっていて打たなかった人には、きちんと後悔《こうかい》をしてほしいと思います。当会はストライクを投げます。打たなかったり、三《さん》振《しん》したりすることについては、バッター自身で反省をしてほしいと思います。「当会は、国民を叱《しか》るぐらいの強さは持っている」ということを、一言、申し上げておきたいと思います。

加藤　ありがとうございました。お言葉を、肝に銘じて頑張ります。

大川　ありがとうございました。

司会　それでは、以上とさせていただきます。

大川隆法総裁、加藤文康局長、本日は、まことにありがとうございました。

あとがき

選挙直前になると、いろんな規制がかかって、テレビも新聞も本も、写真も、不自由この上ない。しかも、「幸福実現党」は宗教政党だというので、マスコミの継子《ままこ》イジメに耐えて三年半、実に不自由である。マスコミはすでに中国の唯物論全体主義の支配下にあるのかと思わず口に出してしまいたくなる。

国会には、二十年以上前から幸福の科学の信者はたくさんいるし、今もいる。大臣も総理大臣も出していれば、知事や地方議員もたくさんいる。宗教が政治にかかわってはいけないというのが、一種の洗脳《せんのう》であるというのがまだわからないのか。

この国に一本、精神的主柱を立て、自由の風を吹かせるまで、この『幸福実現革命』は終わることがないだろう。

二〇一二年　十一月十七日

国師《こくし》　大川隆法《おおかわりゅうほう》

『幸福実現革命』大川隆法著作参考文献

『平成の鬼平へのファイナル・ジャッジメント』（幸福実現党刊）
『国防アイアンマン対決』（同右）
『ジョーズに勝った尖閣男』（幸福の科学出版刊）
※左記は書店では取り扱っておりません。最寄りの精舎・支部・拠点までお問い合わせください。
『救国の志』（ＨＳ政経塾刊）

幸福実現革命《こうふくじつげんかくめい》 ──自由の風の吹かせ方──

2012年11月27日　初版第1刷

著　者　　大《おお》　川《かわ》　隆《りゅう》　法《ほう》

発　行　　幸福実現党

〒107-0052 東京都港区赤坂2丁目10番8号

TEL(03)6441-0754

発　売　　幸福の科学出版株式会社

〒107-0052 東京都港区赤坂2丁目10番14号

TEL(03)5573-7700

http://www.irhpress.co.jp/

印刷・製本　株式会社 堀内印刷所

落丁・乱丁本はおとりかえいたします

ISBN978-4-86395-277-5 C0030

大川隆法 ベストセラーズ・対談シリーズ

HS政経塾・闘魂の挑戦

江夏死すとも自由は死せず

沈みゆく日本を救い、この国の自由を守る――。国師が託した「HS政経塾」の志と理念、そして政策を語り合う、江夏正敏《まさとし》塾長との政経対談。
【HS政経塾刊】

1,400円

ジョーズに勝った尖閣男

トクマとの政治対談

尖閣上陸！ なぜトクマは、無謀とも思える行動に出たのか!? 国師との対談で語られる尖閣上陸秘話と、国を愛する情熱と信念について。

1,400円

「人間グーグル」との対話

日本を指南する

氾濫する情報の中から、真実だけをクリックする――。国師と黒川白雲《はくうん》政調会長が、日本の問題点と打開策を縦横無尽に語り合う。
【幸福実現党刊】

1,400円

※表示価格は本体価格(税別)です。

大川隆法ベストセラーズ・対談シリーズ

「アエバる男」となりなさい
ＰＲできる日本へ

アメリカ共和党も認めた幸福実現党の正当性！ 国師とあえば直道《じきどう》広報本部長との対談から見えてくる、国難を打破する人材論とは。【幸福実現党刊】

1,400円

野獣対談
――元祖・幸福維新

外交、国防、経済危機――。幸福実現党の警告が次々と現実化した今、国師が語り、松島弘典《ひろのり》幹事長が吠える対談編。真の維新、ここにあり！【幸福実現党刊】

1,400円

猛女対談
腹をくくって国を守れ

国の未来を背負い、国師と釈量子《しゃくりょうこ》女性局長が語りあった対談集。凛々しく、潔く、美しく花開かんとする、女性政治家の卵の覚悟が明かされる。【幸福実現党刊】

1,300円

大川隆法ベストセラーズ・国難を打破する

国を守る宗教の力

この国に正論と正義を

３年前から国防と経済の危機を警告してきた国師が、迷走する国難日本を一喝！ 日本を復活させる正論を訴える。
【幸福実現党刊】

1,500円

この国を守り抜け

中国の民主化と日本の使命

平和を守りたいなら、正義を貫き、国防を固めよ。混迷する国家の舵取りを正し、国難を打破する対処法は、ここにある。
【幸福実現党刊】

1,600円

平和への決断

国防なくして繁栄なし

軍備拡張を続ける中国。財政赤字に苦しみ、アジアから引いていくアメリカ。世界の潮流が変わる今、日本人が「決断」すべきこととは。
【幸福実現党刊】

1,500円

※表示価格は本体価格（税別）です。